DROIT EN POCHE

AF869400

Passagers... Quels sont vos droits ?

Panorama, en 22 fiches, des indemnités compensatoires auxquelles les passagers ont droit

SORTIE DES MEDIATHEQUES

Olivier d'Auzon

Gualino
un savoir-faire de Lextenso

DROIT
EN POCHE

Olivier d'Auzon est titulaire d'un DESS en transport et distribution de l'université Panthéon-Sorbone. Il est consultant auprès des Nations unies, de l'Union européenne et de la Banque mondiale.

Suivez-nous sur www.gualino.fr

Contactez-nous gualino@lextenso.fr

DANGER
LE PHOTOCOPILLAGE TUE LE LIVRE

© 2021, Gualino, Lextenso
1, Parvis de La Défense
92044 Paris La Défense Cedex
ISBN 978-2-297-12477-5

Sommaire

Présentation

La Commission européenne le rappelle : quel que soit le mode de transport, les transporteurs restent tenus de proposer aux passagers dont les trajets ont été annulés soit un remboursement, soit un réacheminement « dans les meilleurs délais » possible.

Et il y a plus, c'est bien l'arrêt de la Cour de cassation du 15 janvier 2015 qui marque un tournant dans le droit des passagers aériens. Dorénavant, les retards de vol donnent droit à une indemnisation, au même titre que les annulations. Cette décision est fondée sur une jurisprudence de la Cour de justice de l'Union européenne (CJUE) qui avait été appelée à trancher en 2009 la question des annulations de vol et des retards importants.

L'UE a fixé des normes minimales concernant les droits des passagers aériens à ***l'indemnisation et à l'assistance en cas de surbooking, d'annulation ou de retard important d'un vol***. Les règles s'appliquent à tous les vols à partir d'un aéroport de l'UE, y compris les vols charters et les voyages organisés.

Mais qu'on se le dise, il en est de même pour les passagers voyageant par train, par bus mais aussi par bateau !

Dans ce contexte, les voyageurs ont le droit tout à la fois à une information complète et claire, à l'octroi d'indemnités compensatoires et de prestations d'assistance, ce qui passe par la responsabilité du transporteur en cas de dommages, mais aussi à la protection spéciale accordée aux personnes à mobilité réduite, et à la garantie de voies de droit et de recours efficaces.

En revanche, les circonstances exceptionnelles du coronavirus les exonèrent de l'obligation de verser des indemnités.

Ce guide s'adresse à tous les voyageurs. Il se propose de mettre en perspective l'ensemble des droits en aidant les passagers à obtenir les indemnités compensatoires auxquels ils ont droit.

Passagers aériens, quel est le cadre juridique en vigueur ?

Quels sont les conventions internationales et règlements européens qui régissent les droits des passagers aériens ?

La convention de Varsovie

Il s'agit d'un traité international, signé à Varsovie le 12 octobre 1929, qui fixe le régime applicable en matière de responsabilité civile des transporteurs aériens à l'égard de certains dommages spécifiques.

La convention de Montréal

La convention pour l'unification de certaines règles relatives au transport aérien international, signée à Montréal le 28 mai 1999 et entrée en vigueur le 28 juin 2004, **concerne tous les vols**.

Si le point de départ d'un passager se situe dans un État non-membre de l'Union européenne, le passager ne pourra pas, en principe, bénéficier de la protection du droit communautaire. Le vol est donc soumis aux dispositions de la convention de Montréal. Mais attention, tous les États du monde n'en sont pas destinataires.

Il s'agit d'un accord négocié entre les États contractants de l'OACI (Organisation de l'aviation civile internationale), signé en mai 1999. Cet accord modernise le régime de la convention de Varsovie de 1929 qui réglait les responsabilités des transporteurs aériens en cas de décès ou blessure, et a permis de refondre un instrument juridique unique.

La convention de Montréal de 1999 établit ainsi un cadre juridique uniforme pour régir la responsabilité des compagnies aériennes en cas de dommages causés aux passagers, aux bagages et aux marchandises lors de voyages internationaux.

Au niveau communautaire, le règlement (CE) n° 2027/97, modifié par le règlement (CE) n° 889/2002, impose aux transporteurs aériens communautaires une responsabilité illimitée en cas de décès ou de blessure des passagers et applique les règles de la convention de Montréal à tous les vols opérés par les transporteurs aériens communautaires, domestiques et internationaux.

En France, le décret n° 2004-578 du 17 juin 2004 est relatif à la publication de la convention de Montréal du 28 mai 1999.

Le règlement n° 261/2004 est relatif à une protection supplémentaire pour les vols européens.

Selon les dispositions du **règlement (CE) n° 1008/2008 du 24 septembre 2008** établissant des règles communes pour l'exploitation de services aériens dans la Communauté, il faut entendre le service aérien intracommunautaire comme un service aérien exploité à l'intérieur de l'Union européenne.

Sont donc concernés tous les vols, réguliers ou non :

- **au départ** d'un aéroport situé dans un État membre de l'Union européenne, d'Islande, de Norvège ou de Suisse quel que soit l'aéroport d'arrivée (même État, autre État de l'Union, État tiers) et quelle que soit la nationalité du transporteur ;
- **à destination** d'un aéroport situé dans un État membre de l'Union européenne, d'Islande, de Norvège ou de Suisse quel que soit l'aéroport de départ, dès lors que le transporteur est considéré comme « communautaire », c'est-à-dire qu'il possède une licence délivrée par un État de l'Union européenne.

Le règlement (CE) n° 889/2002 du Parlement européen et du Conseil

Ce règlement du 13 mai 2002 modifie le règlement (CE) n° 2027/97 du Conseil relatif à la responsabilité des transporteurs aériens en cas d'accident (texte présentant de l'intérêt pour l'EEE).

Le règlement (CE) n° 261/2004 du Parlement européen et du Conseil

Il a trait à l'établissement de nouvelles règles communes en matière d'indemnisation et d'assistance en cas de refus d'embarquement, d'annulation ou de retard important d'un vol.

Ce nouveau règlement est **entré en vigueur le 17 février 2005**.

Que faire en cas de retard, refus d'embarquement, annulation d'un vol ?

Les retards aériens de 3 heures ou plus donnent droit à une indemnisation.

Dans un arrêt du 15 janvier 2015, la Cour de cassation a ainsi décidé que **les retards de vol donnent droit à une indemnisation, au même titre que les annulations**. Cette décision est d'ailleurs fondée sur une jurisprudence de la Cour de justice de l'Union européenne (UE) qui avait été appelée à trancher en 2009 la question des annulations de vol et des retards importants.

Quid des indemnisations forfaitaires ?

Désormais, en cas de retard de **3 heures au moins,** les passagers pourront percevoir des indemnités.

Celles-ci seront déterminées en fonction de la distance parcourue :

- 250 € pour les vols de moins de 1 500 km ;
- 400 € pour les vols de 1 500 à 3 000 km ;
- 600 € pour les distances supérieures.

Ces indemnisations sont valables sur les vols retardés au départ de l'UE, ou à destination de l'UE si la compagnie est européenne.

Quels sont les vols concernés ?

Tous les vols au départ des aéroports de l'Union européenne, de la Norvège, de l'Islande et de la Suisse (vols réguliers et non réguliers), y compris ceux effectués dans le cadre d'un voyage à forfait, cela quelle que soit la nationalité de la compagnie aérienne.

Pour les vols en provenance d'un aéroport extérieur à l'Union européenne, de la Norvège, de l'Islande et de la Suisse, seuls les vols exploités par une compagnie communautaire sont concernés, et à condition qu'il n'existe pas de réglementation dans ce domaine dans le pays de départ ; si une réglementation existe dans ce pays, elle s'applique à la place du règlement européen.

Aéroports de l'Union européenne
Allemagne, Autriche, Belgique, Bulgarie, Chypre, Croatie, Danemark, Espagne, Estonie, Finlande, France, Grèce, Hongrie, Irlande, Italie, Lettonie, Lituanie, Luxembourg, Malte, Pays-Bas, Pologne, Portugal, République Tchèque, Roumanie, Slovaquie, Slovénie, Suède.

Le passager qui a subi un retard de 3 heures ou plus à l'arrivée à sa destination finale peut demander au transporteur aérien **l'application de l'arrêt de la CJCE du 19 novembre 2009 portant sur la notion de « retard » et « d'annulation de vol » – « droit à indemnisation en cas de retard ».**

Cet arrêt de la CJCE spécifie qu'un retard de vol de plus de 3 heures, constaté à l'arrivée à la destination finale du passager, ouvre droit à une indemnisation dans les mêmes conditions qu'en cas d'annulation de vol.

Toutefois, le transporteur pourra se dédouaner, tout comme dans les situations d'annulation de vol, s'il peut prouver que le retard est dû à des circonstances extraordinaires.

Cependant, le passager qui subit un dommage résultant directement d'un retard dans son acheminement (nuit d'hôtel payée et non utilisée, journée de travail perdue) pourra invoquer auprès du transporteur aérien **les articles 19 des conventions de Varsovie ou de Montréal afin d'obtenir une compensation**.

Mais de quel retard s'agit-il ?

Voici les retards concernés :

- **soit 2 heures** ou plus pour les vols de 1 500 km ou moins ;
- **soit 3 heures** ou plus pour les vols de plus de 1 500 km jusqu'à 3 500 km et tous les vols intracommunautaires de plus de 1 500 km ;
- **soit 4 heures** ou plus pour les autres vols de plus de 3 500 km.

Le passager peut obtenir non seulement une prise en charge (rafraîchissements, repas) mais également une nuit d'hôtel, les transferts entre le lieu d'hébergement et l'aéroport, si nécessaire. Il doit également avoir la possibilité d'obtenir gratuitement deux appels téléphoniques ou télécopies ou courriers électroniques.

Si le retard au départ est d'au moins 5 heures, et seulement si le passager renonce à son voyage, il est en droit de se faire rembourser son billet d'avion, et éventuellement de demander la prise en charge du vol retour vers son point de départ initial (cas d'un vol au départ d'une escale de correspondance).

Et quid du retard avec correspondance ?

Le 26 février 2013, la Cour européenne a donné gain de cause aux passagers victimes d'un retard sur un vol avec correspondance, en estimant que ces passagers « ***doivent être indemnisés lorsque leur vol arrive à la destination finale avec un retard de trois heures ou plus*** ».

Le fait que le vol initial soit affecté d'un retard n'excédant pas le seuil d'indemnisation de 3 heures n'a aucune incidence sur le droit à indemnisation qui n'est pas subordonné à l'existence d'un retard au départ. **L'indemnisation forfaitaire** (125 € à 600 € selon la distance du vol) **est donc due et appréciée en fonction du retard par rapport à l'heure d'arrivée prévue à la destination finale – destination du dernier vol emprunté par le passager concerné** (*CJUE, 26 févr. 2013, n° C-11/11*).

Et dans le même temps, la Cour européenne profite de cet arrêt pour rappeler qu'un retard important (durée égale ou supérieure à 3 heures) ouvre les mêmes droits qu'une annulation.

Le règlement n° 261/2004 ne définit pas la notion d'**heure d'arrivée**. La CJUE a statué à ce sujet : cette notion, utilisée pour déterminer l'ampleur du retard subi par les passagers d'un vol, « **désigne le moment où au moins l'une des portes de l'avion s'ouvre, étant entendu que, à cet instant, les passagers sont autorisés à quitter l'appareil** » (*CJUE, 4 sept. 2014, n°C-452/13*).

L'application du règlement n° 261/2004 en cas d'escale en dehors de l'UE a suscité des interrogations. La CJUE a statué à ce sujet : ce règlement s'applique à un transport de passagers effectué en vertu d'une réservation unique et comportant, entre son départ d'un aéroport situé sur le territoire d'un État membre et son arrivée dans un aéroport situé sur le territoire d'un État tiers, une escale planifiée en dehors de l'Union européenne, avec un changement d'appareil (*CJUE, 31 mai 2018, n° C-537/17*).

Comment définir un refus d'embarquement ?

Le refus d'embarquement est défini de la sorte : lorsque le passager se présente à l'embarquement et que le personnel au sol lui indique qu'il ne peut pas embarquer.

L'embarquement peut être refusé pour des raisons de santé, de sécurité ou de documents de voyages inadéquats. Mais la raison principale est le ***surbooking*** qui peut donner lieu à une indemnisation compensatoire.

Le refus d'embarquement est défini **par l'article 2 du règlement européen** comme « le refus de transporter des passagers sur un vol, bien qu'ils se soient présentés à l'embarquement dans les conditions fixées à l'article 3, paragraphe 2, sauf s'il est raisonnablement justifié de refuser l'embarquement, notamment pour des raisons de santé, de sûreté ou de sécurité, ou de documents de voyages inadéquats ».

D'autres pays comme les États-Unis ou le Canada offrent des protections similaires.

L'acheteur qui a conclu son contrat à distance bénéficie d'une responsabilité de plein droit du professionnel, qui doit donc exécuter ses obligations (*Cass. 1re civ., 15 nov. 2010, n° 09-69004*).

Comment définir le surbooking ?

De nombreux passagers ne se présentent pas dans l'avion ou sont en retard. Les compagnies ont donc mis en place une pratique dite de **surréservation** consistant à vendre un peu plus de places qu'il y en a de disponibles dans chaque appareil.

Ce procédé est du reste employé par toutes les entreprises de transport, mais également dans d'autres secteurs d'activité. Tout en ayant un billet, il se peut que le passager ne puisse pas prendre l'avion.

Avant de refuser l'embarquement à certains passagers, la compagnie doit rechercher des volontaires qui accepteraient de renoncer à leur réservation.

Si le nombre de volontaires n'est pas suffisant, la compagnie aérienne peut alors refuser l'embarquement à certains passagers, contre leur volonté.

Dans ce cas, la compagnie est dans l'obligation de verser une indemnité forfaitaire.

Refus d'embarquement en cas de surbooking

« ***Surbooking*** », « ***surréservation*** », « ***overbooking*** » sont des pratiques désormais admises et qui consistent à vendre à la clientèle un nombre de places supérieur à la capacité de l'appareil.

Pour s'assurer un taux de remplissage maximum malgré les défections inévitables, le transporteur commercialise plus de places que l'avion n'en contient. Afin d'éviter tous désagréments, en tant que passager vous devez disposer d'une réservation confirmée pour le vol concerné et vous présenter à l'enregistrement avant l'expiration de l'heure limite d'embarquement.

Quel est le passager concerné ?

- le passager de tout vol tant régulier que non régulier (y compris les circuits à forfait) ;
- le passager d'un vol tant domestique qu'international, au départ d'un aéroport situé sur le territoire d'un État membre de l'Union européenne, en Norvège ou en Islande ;
- le passager d'un vol tant domestique qu'international au départ d'un aéroport situé dans un pays tiers et à destination d'un aéroport situé sur le territoire d'un État membre de l'Union européenne.

Comment justifier le surbooking ?

De quoi s'agit-il ? Il s'agit de pallier les comportements d'un certain nombre de passagers qui soit, ne se présentent pas à l'embarquement sans prévenir le transporteur, soit annulent leur réservation trop tardivement.

Le surbooking, qui ne fait l'objet d'aucune interdiction formelle sur le plan légal, constitue assurément un préjudice pour les passagers qui sont victimes d'un refus d'embarquement, ainsi qu'une rupture du contrat de transport par la compagnie, même si elle peut se comprendre du point de vue du transporteur aérien, soucieux de la bonne gestion des capacités offertes sur un vol donné (*ministère de l'Équipement, des Transports et du Logement, JO Assemblée nationale, 1er octobre 2001*).

L'appel à des volontaires

En cas de refus d'embarquement, le transporteur fait appel à des volontaires qui acceptent de renoncer à leur réservation en contrepartie de certains avantages. Si le passager se porte volontaire, **il a droit** :

- au remboursement de son billet au prix d'achat et au besoin, le vol retour vers le point de départ initial ou le réacheminement vers la destination finale (dans des conditions de transport comparables et dans les meilleurs délais ou à une date ultérieure à la convenance du passager sous réserve de la disponibilité de siège) (Assistance de l'article 8 du Règlement) ;
- à une indemnisation, dont le montant doit être négocié avec la compagnie aérienne. Le passager doit privilégier l'indemnisation en espèces ou par virement ;
- à certaines prestations à négocier également avec la compagnie aérienne (boissons, collation...).

Le transporteur peut refuser l'embarquement à un passager contre son gré – non volontaire – en raison du nombre insuffisant du nombre de volontaires, Les passagers non volontaires ont alors les mêmes droits que ceux qui sont victimes d'une annulation de vol :

- l'indemnisation financière forfaitaire immédiate (125 € à 600 € selon la distance du vol et du retard total à l'arrivée) ;
- le choix entre un droit au remboursement du billet avec un vol retour vers le point de départ ou à un réacheminement ultérieur vers la destination finale ;
- la prise en charge à l'aéroport (communications, SMS, collation, rafraîchissement, voire hébergement).

Conseils pratique
Le passager doit conserver toutes les factures concernant son hébergement et sa restauration, afin d'en demander le remboursement à la compagnie aérienne.

Bon à savoir
Selon le règlement européen n° 261/2004, les distances sont mesurées selon la méthode de la route orthodromique (cf. art. 7, point 4), c'est le « Great Circle Mapper ». Mais le règlement n'apportant pas de précision sur la carte des routes les plus utilisées, seul un expert peut dire avec certitude si la distance du vol est de plus ou moins 1 500 km. Il existe des calculateurs grand public pour vérifier qu'il n'y ait pas de grande différence, par exemple :

http://calculerlesdistances.com/aeriennes.html

http://www.levoyageur.net/distances/distance-2988507-2267057.html

http://www.ephemeride.com/atlas/distanceaeroport/0/%20

Obligation d'information

Il existe une double obligation d'information à la charge du transporteur (art. 14 du règlement européen) :

- afficher « bien en vue dans la zone d'enregistrement », un avis invitant le voyageur à se renseigner sur ses droits en matière d'indemnisation et d'assistance ;
- présenter une note écrite à chaque passager refusé à l'embarquement, qui reprend les règles d'indemnisation et d'assistance ;
- le passager ne doit signer aucun document sans l'avoir lu dans les détails et si le passager est volontaire, il doit s'assurer qu'il a donné son accord en connaissance de cause.

Refus d'embarquement pour d'autres motifs

Le fait de limiter la notion de refus d'embarquement au seul cas de surbooking, aurait pour effet de diminuer le niveau élevé de protection des passagers aériens.

Trajets successifs : retard imputable au premier vol

La Cour de justice de l'Union européenne (CJUE) a estimé le 4 octobre 2012, que les « passagers de vols comprenant des trajets successifs doivent être indemnisés pour refus d'embarquement quand celui-ci est dû à un retard imputable au transporteur pour le premier vol » (*CJUE, 4 oct. 2012, n° C-321/11*).

Elle confère ainsi un sens plus large à la notion de refus d'embarquement, visant l'ensemble des hypothèses dans lesquelles un transporteur aérien refuse de transporter un passager. Outre la notion de surréservation, la notion de « refus d'embarquement » vise donc également des situations liées à d'autres motifs, notamment opérationnels, comme un retard de vol avec correspondance.

Quid des faits ?

Un couple dont le billet était composé de 2 vols, enregistre ses bagages directement pour sa destination finale et obtient ses cartes d'embarquement pour les deux vols successifs. Le premier vol a subi un retard d'1 h 25 min. La compagnie aérienne a donc, sans prévenir le couple, annulé la carte d'embarquement pour le second vol, prévoyant que ce retard lui ferait manquer sa correspondance. En dépit de ce retard, le couple a eu le temps de se présenter à la porte d'embarquement lors du dernier appel de passagers. Leur carte ayant été annulée, les places ont été attribuées à d'autres passagers. Ayant attendu leur réacheminement le lendemain, ils sont parvenus à leur destination finale avec 27 heures de retard.

Source : Maître Patrick Goergen in Les droits des voyageurs en Europe, Union Luxembourgeoise des Consommateurs

Réorganisation d'un vol à la suite d'une grève

La Cour de justice de l'Union européenne saisie en dernier ressort par la Cour suprême de Finlande pour le cas d'une grève du personnel de l'aéroport de Barcelone, a affirmé que « **la survenance de circonstances extraordinaires**, telles qu'une grève, conduisant un transporteur aérien à réorganiser des vols postérieurs ne justifie pas un refus d'embarquement ni ne l'exonère de son obligation d'indemnisation des passagers à qui l'embarquement sur un des vols affrétés postérieurement leur a été refusé » (*CJUE, 4 oct., n° C-22/11*).

De son côté, le Code des transports prévoit en son article L. 1114-7 issu de la loi n° 2012-375 du 19 mars 2012, que « en cas de perturbation du trafic aérien liée à une grève dans une entreprise, un établissement ou une partie d'établissement entrant dans le champ d'application du présent chapitre, tout passager a le droit de disposer d'une information gratuite, précise et fiable sur l'activité assurée ».

Cette information doit être délivrée aux passagers par l'entreprise de transport aérien au plus tard vingt-quatre heures avant le début de la perturbation.

Le cas des vols intermédiaires

Si vous achetez un vol intermédiaire (Istanbul-Paris-New York, par exemple), ce qui est souvent avantageux financièrement, le contrat vous imposera sans doute d'utiliser les coupons de vol dans l'ordre du voyage. Ne tentez alors pas de partir de Paris, dans notre exemple, vous pourriez être refusé à l'embarquement pour ne pas avoir délibérément pris le vol à Istanbul ou être contraint de payer un supplément de prix.

LE DÉCLASSEMENT ET LE SUR-CLASSEMENT

En tant que passager aérien, vous pouvez être confronté à l'une ou l'autre de ces situations :

- ***le sur-classement*** : le transporteur place le voyageur dans une classe supérieure à celle pour laquelle son billet a été acheté. Le passager ne doit pas débourser de supplément ;
- ***le déclassement*** : le transporteur place le voyageur dans une classe inférieure à celle pour laquelle le billet a été acheté. Trois modalités de remboursement sont alors prévues :
  - pour les vols de 1 500 km ou moins : remboursement de 30 % du prix du billet,
  - pour les vols intracommunautaires de plus de 1 500 km (à l'exception des vols entre le territoire européen des États membres et les départements français d'Outre-mer) et les autres vols de 1 500 km à 3 500 km : remboursement de 50 % du prix du billet,
  - pour tous les autres vols : remboursement de 75 % du prix du billet.

Le surbooking en classe affaires qui conduit à un déclassement en classe touriste n'est pas constitutive d'un retard mais d'un simple préjudice de jouissance résidant dans la différence de confort et de prestations entre les deux classes et réparé sur le fondement de l'article 1231-1 du Code civil.

Le vol est annulé

La compagnie aérienne a annulé le vol, quels sont les droits du passager et comment faire pour les appliquer ? Dans tous les cas, le passager a droit au minimum au remboursement de son billet, et à des dommages et intérêts si cette annulation a causé un préjudice particulier (financier et/ou moral). S'il s'agit d'un vol européen, le passager doit bénéficier de droits particuliers.

Vol non européen

La question de l'annulation n'est pas envisagée dans la convention de Montréal. Elle est donc régie par le droit commun des contrats, et ainsi par les règles du Code civil si le billet a été acheté en France. Le passager a droit, au minimum, au remboursement intégral du prix de son billet, quelle que soit la cause de l'annulation (grève et catastrophes comprises)… sauf si on lui propose un réacheminement sur un autre vol et qu'il l'accepte. Si le passager subit un préjudice particulier du fait de cette inexécution, il a droit à des dommages et intérêts : ce principe s'applique au contrat de transport comme à tout contrat (C. civ., art. 1231-1).

Mais le Code civil en fixe également la limite : il n'y a pas de dommages et intérêts lorsque celui qui devait exécuter son obligation en a été empêché par un cas de force majeure (C. civ., art. 1218).

Le transporteur qui invoque la force majeure doit démontrer en quoi la circonstance dont il se prévaut répond aux trois exigences traditionnelles, à savoir qu'il s'agit bien d'un événement extérieur (une avarie d'avion n'en est pas un), imprévisible (ce n'est pas le cas d'une grève annoncée) et qu'il ne pouvait pas surmonter (par exemple en plaçant les voyageurs sur d'autres vols).

Vol européen

Si le passager subit un préjudice particulier, il ne doit pas hésiter à faire également jouer les dispositions de l'article 1231-1 du Code civil.

Indemnité forfaitaire

Même sans préjudice particulier, le passager recevra une indemnité forfaitaire, dont le montant sera compris entre 125 € et 600 € en fonction de la distance du vol et, en cas de réacheminement, du retard à l'arrivée. Recevoir cette indemnité ne prive pas le passager du droit d'aller en justice pour réclamer davantage si son montant ne couvre pas le préjudice réellement subi.

Attention si l'information est donnée à temps par le transporteur : le passager n'a pas droit à cette indemnité forfaitaire :

- au moins deux semaines avant le départ ;
- entre deux semaines et sept jours avant le départ, si on a proposé au passager un autre vol partant au plus tôt deux heures avant l'heure prévue et arrivant moins de quatre heures plus tard que prévu ;
- moins de sept jours avant le départ, si l'offre de réacheminement partait au plus tôt deux heures avant l'heure prévue et arrivait moins de deux heures plus tard que prévu.

6 Marche à suivre pour bénéficier d'une indemnisation

Les passagers qui ont accepté volontairement de renoncer à leur vol peuvent bénéficier d'un acheminement vers leur destination, via un autre vol, ou le remboursement de leur billet.

Les autres passagers qui ont été refusés à l'embarquement contre leur gré, ont le droit à une indemnisation financière, plus ou moins élevée en fonction du vol :

- 250 € pour les vols d'une distance de 1 500 km ou moins ;
- 400 € pour les vols intracommunautaires de plus de 1 500 km et pour tous les autres vols de 1 500 à 3 500 km ;
- 600 € pour les vols de plus de 3 000 km.

Le montant de cette indemnisation est réduit de 50 % si la compagnie aérienne offre un réacheminement vers la destination finale avec un retard ne dépassant pas :

- 2 heures pour un vol de 1 500 km ou moins ;
- 3 heures pour les vols intracommunautaires de plus de 1 500 km et pour tous les autres vols de 1 500 à 3 500 km ;
- 4 heures pour les autres vols.

Quid de la prise en charge des passagers ?
Qu'on se le dise, en plus de ce remboursement forfaitaire, la compagnie aérienne est dans l'obligation de fournir une assistance pendant l'attente. Ainsi, en attendant le réacheminement, elle doit procurer, si besoin, un hébergement, de quoi se restaurer et des appels téléphoniques ou l'envoi d'e-mails.

Annulation : à quoi le passager peut-il s'attendre ?

L'indemnisation et l'assistance sont identiques à celles prévues pour un refus d'embarquement.

Et quid du remboursement/réacheminement ?

Le transporteur doit proposer au passager :

- ***soit le remboursement du billet dans les 7 jours*** (au prix d'achat) pour la ou les parties du voyage non effectuées, mais aussi pour la ou les parties du voyage déjà effectuées et devenues inutiles par rapport au plan de voyage initial ; et, le cas échéant, un vol retour vers le point de départ initial dans les meilleurs délais. Si le passager choisit le remboursement, celui-ci doit se faire en espèces, virement ou chèque, sauf si ce dernier accepte que ce soit sous forme de bons de voyage et/ou d'autres services ;

- ***soit un réacheminement par un autre vol vers la destination finale***, dans des conditions de transport comparables et dans les meilleurs délais ;
- ***soit un réacheminement par un autre vol vers la destination finale***, dans des conditions de transport comparables à une date ultérieure, à la convenance du passager, sous réserve de la disponibilité de sièges.

Si le vol proposé en remplacement atterrit sur un aéroport autre que celui qui était initialement prévu, le transporteur doit prendre à sa charge les frais de transfert vers l'aéroport prévu au départ, ou vers une autre destination proche convenue avec le passager. Mais attention, le passager doit atterrir dans un aéroport de la même région.

Prise en charge à l'aéroport

Si le passager est bloqué à l'aéroport dans l'attente d'un vol de remplacement, le transporteur doit lui offrir rafraîchissements et restauration, et lui permettre de passer gratuitement deux appels téléphoniques, deux fax ou deux messages électroniques (SMS par exemple). Et si le départ du vol de remplacement n'est pas prévu pour le jour même, le passager a droit à un hébergement à l'hôtel et au transport entre l'aéroport et le lieu d'hébergement jusqu'au départ.

Le droit de l'Union européenne ne prévoit aucune limitation dans le temps ni pécuniaire à cette obligation de prise en charge. Le transporteur aérien est tenu de remplir cette obligation même lorsque l'annulation du vol est due à des circonstances extraordinaires, contrairement à l'obligation d'indemnisation, à laquelle le transporteur peut se soustraire s'il prouve que l'annulation du vol est due à de telles circonstances.

C'est précisément dans les cas d'attente due à une annulation, que les passagers peuvent avoir besoin, pendant toute la durée de l'attente, d'accéder aux produits et aux services de première nécessité.

C'est ainsi que la Cour souligne dans un arrêt du 31 janvier 2013 (*CJUE, 31 janv. 2013, n° C-12/11*) que le transporteur aérien est tenu, en cas d'annulation de vol, de prendre en charge la totalité des frais relatifs à l'hébergement et aux rafraîchissements durant la période d'attente.

En conséquence, l'obligation de prise en charge des articles 5 et 9 du règlement, ne peut faire l'objet d'une limitation temporelle ou pécuniaire du fait de circonstances extraordinaires.

Cependant, cette obligation ne peut faire l'objet pour le passager aérien que d'un « remboursement des sommes qui s'avéraient nécessaires, appropriées et raisonnables afin de suppléer la défaillance du transporteur aérien, ce qu'il appartient à la juridiction nationale d'apprécier ».

Toutefois, **l'indemnisation ne sera pas due** si les passagers sont informés deux semaines avant l'heure de départ ou, en cas de délai inférieur, si une place leur est offerte sur un autre vol à une heure proche de l'horaire initialement prévu tant au départ qu'à l'arrivée. Il en ira de même si le transporteur est en mesure de prouver que l'annulation est due à des **circonstances extraordinaires** (conditions météorologiques, risques liés à la sécurité, grève) qui n'auraient pas pu être évitées même si toutes les mesures raisonnables avaient été prises.

Conseils pratiques

Si la compagnie annule un vol en raison de **la pandémie Covid-19**, la situation est alors **considérée comme une circonstance extraordinaire et le billet est intégralement remboursable**. La compagnie aérienne peut proposer un report ou un avoir mais le passager n'est pas dans l'obligation d'accepter cette offre. Le passager peut demander le remboursement pur et simple du vol.

Si la compagnie maintient le vol, il en découle aucune obligation pour la compagnie de fournir un remboursement. Considérant la période, certaines compagnies sont tout de même à l'écoute de leurs voyageurs et proposent un report du voyage. Il convient de bien lire les CGV et de se rapprocher du service client de la compagnie.

Au niveau européen, un texte oblige les transporteurs à proposer aux clients le remboursement des sommes versées en cas d'annulation par l'opérateur, c'est le règlement n° 261/2004 (*https://eur-lex.europa.eu/legal-content/FR/TXT/?uri=celex%3A32004R0261*).

Mais la majorité des compagnies aériennes arguent des « circonstances exceptionnelles » pour ne pas proposer le remboursement. La commission européenne a d'ailleurs validé le principe selon lequel les compagnies aériennes ne sont pas redevables d'indemnités ne pouvant échapper à ses circonstances exceptionnelles définies aux niveaux des États.

Sur leurs sites internet, pour la plupart des compagnies, il n'est plus question de remboursement, mais d'un bon d'achat à valoir sur un vol ultérieur. Ce bon est valable pour un délai de 18 mois et seulement à l'issue de ce délai si le voyageur n'a pas utilisé le bon, il pourra bénéficier d'un remboursement (programme défini pour les agences de voyages par l'ordonnance du 25 mars 2020).

Formulaire de réclamation

Afin que la DGAC puisse exercer pleinement son rôle, la position de la compagnie doit être connue. C'est pourquoi, il est impératif de porter au préalable la réclamation auprès du transporteur. Le délai de réponse des transporteurs est d'environ deux mois.

Rappels

La DGAC assure le traitement des réclamations, soumises par les passagers, gratuitement.

La DGAC n'a pas vocation à se substituer aux transporteurs aériens pour indemniser les passagers. L'indemnisation des passagers incombe aux compagnies aériennes.

La réclamation doit être adressée à la DGAC française :

- pour les vols partant de France (métropole et DOM) quelles que soient la destination et la nationalité du transporteur ;
- pour les vols arrivant en France (métropole et DOM) et partant d'États tiers à l'Union européenne, à la Norvège, à l'Islande ou à la Suisse à condition que le transporteur effectif appartienne à l'Union européenne, à la Norvège, à l'Islande ou à la Suisse.

La réclamation doit être adressée aux organismes nationaux compétents de l'Union européenne (Allemagne, Autriche, Belgique, Bulgarie, Chypre, Croatie, Danemark, Espagne, Estonie, Finlande, France, Grèce, Hongrie, Irlande, Italie, Lettonie, Lituanie, Luxembourg, Malte, Pays-Bas, Pologne, Portugal, République Tchèque, Roumanie, Slovaquie, Slovénie, Suède), de la Norvège, de l'Islande ou de la Suisse, pour les vols au départ et à l'arrivée de ces États.

Le délai de traitement des réclamations peut avoisiner 4 à 6 mois.

Les réclamations doivent être adressées en joignant la copie, et non les originaux de toutes les pièces justificatives grâce aux formulaires en ligne.

Les formulaires ne comportant pas de pièces justificatives ne pourront pas être traités.

Quelles sont les pièces justificatives à fournir ?

Le passager est invité à joindre à son dossier l'ensemble des documents qui justifient de son voyage. Ils sont impératifs si le passager escompte recevoir une indemnisation.

En cas de retard important, d'annulation du vol ou de surbooking, le passager peut prétendre à une indemnisation au titre des dommages et intérêts.

Mais, pour cela, il est indispensable de fournir des documents qui prouvent que le passager a bel et bien voyagé ou qu'il était présent à l'aéroport.

Le passager doit donc impérativement fournir son **billet d'avion** (ou e-billet) et **sa carte d'embarquement**. Le passager doit les numériser et les joindre à son dossier. Concernant les e-billets, il doit fournir une **attestation de retard, de surbooking et d'annulation de vol** délivrée par les compagnies aériennes car les billets électroniques équivalent à des cartes d'embarquement sans démontrer la présence dans l'avion.

7 Bagages perdus, endommagés, retardés ?

Les règles qui régissent les litiges en matière de bagages sont issues des conventions internationales qui prévoient un droit individuel à la réparation du préjudice subi. Il est nécessaire de distinguer les situations dans lesquelles se trouve le passager.

La libre circulation des bagages des voyageurs intracommunautaires, doit être respectée et garantie. Des règles existent pour contrôler les bagages en provenance ou à destination d'autres pays.

Bagages détériorés

Si le passager constate à la réception de son bagage que celui-ci a été abîmé ou détruit pendant le transport, le passager est en droit de demander le remboursement du prix de sa valise et des biens détériorés au transporteur.

Le passager doit pour cela envoyer un courrier à la compagnie dans un délai de 7 jours suivant la réception de sa valise en fournissant un maximum d'éléments concernant les biens endommagés pendant le transport (photographies des biens endommagés, factures d'achat...).

Le passager doit savoir qu'en cas d'incident de bagages, il a **2 ans** pour engager un recours en responsabilité à l'encontre de la compagnie.

Dès réception du bagage, le passager constate que celui-ci a été abîmé par le transporteur lors du voyage, il est alors en droit de demander le remboursement du prix de son bagage ainsi que des biens détériorés. Le passager devra alors fournir à la compagnie, tous les éléments justificatifs (photos des biens endommagés, factures d'achat...) et ce, ***dans les 7 jours*** suivant la réception du bagage. Un recours en responsabilité à l'encontre de la compagnie aérienne sera toujours possible dans les 2 ans, en cas d'incident de bagages. Dans tous les cas, le passager doit informer au plus tôt la compagnie aérienne à l'aéroport afin qu'elle puisse enregistrer la réclamation.

Retard de bagages

L'avion vient d'atterrir, le passager se dirige à l'extérieur pour récupérer son bagage, mais en vain... il lui sera finalement livré ultérieurement. ***Le passager aura alors 21 jours*** à compter de la date de mise à disposition du bagage pour contacter par écrit le transporteur et lui demander le remboursement des produits de première nécessité qu'il aura dû acheter.

Pour ce faire, il est primordial de toujours conserver les preuves d'achat (factures avec nom du magasin, la date, le détail des articles et les éléments officiels : SIREN, TVA, etc.) car les tickets de paiement effectués par cartes bancaires ne sont pas suffisants.

Bon à savoir

Le passager doit se renseigner auprès de la compagnie aérienne qui a effectué le vol, afin de connaître les démarches à effectuer, formulaire à remplir... **Il est primordial de conserver le double du ticket que l'on remet au voyageur lors de l'enregistrement du bagage et de se souvenir dans les détails de celui-ci. Le prendre en photo avant de partir peut faire gagner du temps.**

Perte de bagages

Si les 21 jours prévus en matière de retard de bagages se sont écoulés, ou si la compagnie admet qu'elle a perdu les bagages, le passager est en droit de considérer ses bagages comme perdus. La compagnie aérienne aura l'obligation de rembourser au passager le montant des dommages mais dans la limite de 1 300 €. À défaut de justificatifs écrits, tels que les factures d'achat, le dédommagement sera fait en fonction du poids (environ 20 € par kg).

Réclamation au titre de l'indemnisation et des retards, destruction, perte ou détérioration des bagages enregistrés

S'agissant des **biens fragiles ou précieux**, mieux vaut les garder avec soi en cabine ou, lors de l'enregistrement des bagages en soute, effectuer une déclaration spéciale d'intérêt.

Si les compagnies aériennes ont pris toutes les mesures raisonnablement envisageables pour éviter les dommages ou s'il était impossible de prendre de telles mesures, elles ne seront pas responsables.

Concernant les équipements pour personnes handicapées ou à mobilité réduite, le règlement n° 1107/2006 prévoit en son article 12 un processus d'indemnisation pour perte ou dégradation de fauteuils roulants et autres équipements de mobilité et d'assistance. Ainsi, en cas de perte ou de dommage durant leur manipulation à l'aéroport ou leur transport à bord d'un aéronef, le passager auquel l'équipement appartient est indemnisé, conformément aux règles du droit international, communautaire et national.

Supplément de prix optionnel

Le prix à payer pour le transport des bagages enregistrés n'est pas un élément inévitable et prévisible du prix du transport aérien, mais il peut constituer un supplément de prix optionnel...

Exemple

En 2010, la compagnie aérienne Vueling avait majoré de 40 € le prix de base de quatre billets d'avion aller-retour Espagne/Pays-Bas suite à l'enregistrement en ligne de deux bagages. La cliente a alors déposé plainte à l'encontre de Vueling, estimant que le contrat de transport aérien était entaché d'une clause abusive. La Cour de justice de l'Union européenne a considéré que le prix à payer pour le transport des bagages enregistrés des passagers aériens peut constituer, au sens du droit de l'Union, **un supplément de prix optionnel relatif à un service complémentaire** (*CJUE, 18 sept. 2014, n° C-487/12*).

Inspection/filtrage des bagages

Applicable depuis le 1er mars 2015, **le règlement d'exécution n° 2015/187** de la Commission sur l'inspection/le filtrage des bagages de cabine permet de renforcer les contrôles dans les aéroports sur les bagages à main notamment les bagages contenant des appareils électroniques afin de mieux détecter d'éventuels explosifs.

Pour les litiges bagages, attention, il faut joindre les factures d'achat des biens perdus, endommagés ou les produits de première nécessité achetés. Si le passager ne dispose pas de justificatifs, un dédommagement au poids peut lui être proposé (environ 20 € par kg).

Notez que les compagnies aériennes ont le droit d'exclure de leur responsabilité certains objets fragiles ou précieux qui seraient contenus dans des bagages enregistrés (bijoux, matériel électronique, bouteilles en verre, etc.). Si le passager souhaite emporter ses biens, il est préférable de les prendre en cabine ou d'effectuer une « déclaration spéciale d'intérêt » (coût supplémentaire à prévoir) au moment de l'enregistrement de vos bagages, ce qui augmentera le plafond de responsabilité.

COMMENT DÉFINIR UNE CIRCONSTANCE EXTRAORDINAIRE ?

La compagnie aérienne avec laquelle vous voyagez doit verser une indemnisation forfaitaire sauf si cette annulation résulte d'une circonstance extraordinaire.

En cas d'annulation ou de retard du vol, le passager a le droit à une indemnisation forfaitaire prévue par la réglementation européenne. Cependant, la compagnie aérienne avec laquelle le passager a voyagé n'est pas tenue de lui verser l'indemnité prévue si l'annulation est due à des circonstances extraordinaires qui n'auraient pu être évitées.

Si la responsabilité du transporteur n'est pas engagée

Le règlement européen n° 261/2004 ne donne pas d'exemple précis, mais indique « qu'il y a circonstance extraordinaire lorsqu'une décision relative à la gestion du trafic aérien concernant un avion précis pour une journée précise génère un retard important, un retard jusqu'au lendemain ou l'annulation d'un ou de plusieurs vols de cet avion, bien que toutes les mesures raisonnables aient été prises par le transporteur aérien afin d'éviter ces retards ou annulations. »

Certains faits et événements peuvent en effet être considérés comme des circonstances extraordinaires, justifiant l'annulation d'un vol. Ainsi, le droit des passagers précise : « De telles circonstances peuvent se produire, en particulier, en cas d'instabilité politique, de conditions météorologiques incompatibles avec la réalisation du vol concerné, de risques liés à la sécurité, de défaillances imprévues pouvant affecter la sécurité du vol, ainsi que de grèves ayant une incidence sur les opérations d'un transporteur aérien effectif. »

Mais ce sont les juges, et la jurisprudence, qui décident si un fait, ayant engendré l'annulation d'un vol, peut être considéré comme une circonstance extraordinaire.

Exemples de circonstances extraordinaires

La définition d'une circonstance extraordinaire reste floue pour le grand public. Quand une circonstance devient-elle extraordinaire ?

À titre d'exemple, un incident technique sur un avion, entraînant l'annulation du vol, peut-il être considéré comme une circonstance extraordinaire ?

Dans un arrêt rendu le 19 novembre 1999, la Cour de justice de l'Union européenne a affirmé qu'« un problème technique survenu à un aéronef ne peut être considéré comme une circonstance extraordinaire, sauf si ce problème découle d'événements qui, par leur nature ou leur origine, ne sont pas inhérents à l'exercice normal de l'activité de la compagnie aérienne concernée et échappent à sa maîtrise effective. » En clair, une panne sur un appareil peut être considérée comme une circonstance extraordinaire si et seulement si son programme d'entretien a été respecté et s'il n'y a pas eu de défaut de vigilance de la part de la compagnie.

Dans le cas d'un oiseau qui rentre dans un réacteur, le commandant de bord va être amené à poser l'avion, ce qui peut entraîner des retards importants. La jurisprudence a toujours affirmé qu'une telle circonstance était extraordinaire et qu'elle ne pouvait pas être prévisible pour le transporteur. Il ne peut donc y avoir d'indemnisation forfaitaire pour le passager.

En cas de circonstances extraordinaires, le transporteur ne devra pas non plus d'indemnité s'il prouve, suivant le règlement européen, que l'annulation est due à des « circonstances extraordinaires qui n'auraient pu être évitées même si toutes les mesures raisonnables avaient été prises », ce qui correspond très exactement à la définition de la force majeure. Ainsi, le transporteur aérien effectif qui prouve que l'annulation est due à des circonstances extraordinaires n'est pas tenu de verser l'indemnisation financière immédiate (ex. : éruption du volcan islandais, conditions météorologiques d'une rare violence, grève non prévue).

Exemple
Deux pannes et pas de pièce de rechange : pas de circonstances exceptionnelles

Si le contrat concerné est un contrat de transport aérien régi par le règlement CE n° 261/2004 du 11 février 2004 (JOUE 17 févr. 2004, n° L 46), seules des circonstances exceptionnelles peuvent libérer la compagnie aérienne de son obligation d'indemniser les passagers en cas d'annulation ou de retard du vol. La Cour de justice de l'Union européenne (CJUE) confirme ici sa conception restrictive de la notion de circonstances exceptionnelles. Un vol entre l'Équateur et Amsterdam arrive à destination avec 29 heures de retard sur l'horaire prévu.

La juridiction européenne ajoute deux exemples : il en serait ainsi si le constructeur des appareils de la compagnie (ou une autorité compétente) avait déclaré qu'ils étaient atteints d'un vice caché de fabrication affectant la sécurité des vols alors qu'ils étaient déjà en service ; elle ajoute un second exemple de circonstances exceptionnelles, celles résultant de dommages causés aux aéronefs par des actes de sabotage ou de terrorisme. La CJUE confirme ainsi l'interprétation restrictive des circonstances exceptionnelles afin de faciliter l'indemnisation des passagers d'une compagnie aérienne.

Source : Lamyline.fr

QUELS DROITS POUR LES PERSONNES HANDICAPÉES ET À MOBILITÉ RÉDUITE ?

Le règlement (CE) n° 1107/2006 du 5 juillet 2006

Le règlement (CE) n° 1107/2006 du 5 juillet 2006 concerne les droits des personnes handicapées et des personnes à mobilité réduite lorsqu'elles font des voyages aériens.

Il est entré en vigueur le 26 juillet 2008.

Ce texte est entré en vigueur en France et dans tous les pays de l'Union européenne, la Norvège, l'Islande et la Suisse.

Ce règlement ne prévoit pas d'indemnisation des passagers, sauf en matière de perte ou de dégradation des équipements de mobilité et d'assistance (cf. article 12 du règlement).

Ce règlement s'applique aux personnes handicapées et à mobilité réduite (PHMR) utilisant des vols commerciaux (réguliers et non-réguliers) au départ, à l'arrivée ou en transit dans un aéroport situé dans l'Union européenne (UE), la Norvège, l'Islande et la Suisse, et ceci, quelle que soit la nationalité du transporteur.

De plus, les articles concernant la prévention de refus de transport, les dérogations, conditions spéciales et information ainsi que l'assistance de la part des transporteurs aériens, s'appliquent également aux PHMR partant des États tiers à l'UE, à la Norvège, l'Islande et la Suisse lorsque leur vol a pour destination l'UE, la Norvège, l'Islande et la Suisse, si la compagnie aérienne est communautaire.

Ce texte établit le principe d'une assistance spécifique gratuite aux PHMR dans les aéroports de l'UE. Pour que cette assistance soit adaptée, **il est vivement conseillé** aux Personnes handicapées et à mobilité réduite de **signaler leurs besoins** lors de la réservation ou **au plus tard 48 heures à l'avance**.

Un transporteur, son agent ou un organisateur de voyages ne peut opposer un refus de réservation ou d'embarquement (si la personne dispose d'un billet et d'une réservation valables) à des personnes handicapées, sauf pour des raisons de sécurité qui doivent être motivées immédiatement.

Sur demande, le transporteur, son agent ou l'organisateur de voyages doit communiquer les motifs d'un refus, par écrit, dans les cinq jours ouvrables qui suivent la demande.

Si une réservation n'est pas acceptée, pour respecter les exigences de sécurité ou en raison du type d'aéronef (cf. article 4 a et b), une solution acceptable doit, dans la mesure du possible, être proposée.

Un accompagnateur capable de fournir une assistance peut être exigé.

Les transporteurs, leurs agents et les organisateurs de voyages doivent mettre à disposition du public, sous des formes accessibles, les règles de sécurité appliquées et les éventuelles restrictions de transport.

Le règlement confie au gestionnaire d'aéroport la responsabilité de l'assistance dans l'aéroport (depuis un point de dépose jusqu'au siège de l'avion).

Les aéroports doivent désigner les points d'arrivée où les PHMR peuvent signaler leur arrivée et demander l'assistance et, d'autre part, les points de départ situés dans le périmètre de l'aéroport.

L'assistance minimale sous la responsabilité des entités gestionnaires d'aéroports figure dans l'annexe I du règlement (à titre d'exemple, le remplacement temporaire d'un équipement de mobilité endommagé ou perdu, prise en charge au sol des chiens d'assistance, etc.), celle sous la responsabilité des transporteurs en annexe II (à titre d'exemple, transport de deux équipements de mobilité par personne handicapée, moyennant un préavis de 48 heures).

Ce règlement vise également à répartir sur l'ensemble des passagers le coût de l'assistance en escale (le gestionnaire d'aéroport peut percevoir une redevance auprès des transporteurs).

Les gestionnaires d'aéroports doivent déterminer des normes minimales de qualité dans les aéroports dont le trafic annuel est supérieur à 150 000 passagers qui doivent être publiées.

Ce texte impose la formation des personnels des compagnies aériennes et des aéroports en contact avec des personnes à mobilité réduite.

Les plaintes concernant la non-application, ou une mauvaise application, de ce règlement doivent, selon le cas, être adressées auprès de l'entité gestionnaire de l'aéroport, du transporteur aérien concerné ou de l'organisateur de voyages concerné.

Si satisfaction n'est pas obtenue, les plaintes pourront alors être adressées à l'une des deux autorités nationales désignées pour veiller à l'application du règlement (CE) n° 1107/2006.

Quid des mesures prises en matière de handicap ?

Il s'agit de garantir une assistance spécifique gratuite.

Il convient de confier au gestionnaire d'aéroport la responsabilité de l'assistance dans l'aéroport (depuis un point de dépose jusqu'au siège de l'avion) dès lors que le passager a fait connaître ses besoins au transporteur ou à son organisateur de voyages. Cette notification n'est pas obligatoire mais vivement recommandée. De même, imposer la formation des personnels des compagnies aériennes et des aéroports en contact avec des personnes à mobilité réduite est fortement conseillée.

Le règlement européen n° 1107/2006 concernant les droits des personnes handicapées et des personnes à mobilité réduite lorsqu'elles font des voyages aériens, définit une personne handicapée ou personne à mobilité réduite, comme « toute personne dont la mobilité est réduite, lors de l'usage d'un moyen de transport, en raison de tout handicap physique (sensoriel ou moteur, permanent ou temporaire) ou de tout handicap ou déficience intellectuels, ou de toute autre cause de handicap, ou de l'âge, et dont la situation requiert une attention appropriée et l'adaptation à ses besoins particuliers du service mis à la disposition de tous les passagers ».

Munies d'une réservation et d'un billet valables, les personnes ne peuvent faire l'objet d'une discrimination en raison de leur handicap ou d'une mobilité réduite. Il existe cependant des dérogations licites si elles sont justifiées par des raisons de sécurité ou si les caractéristiques du système de transport rendent impossible celui-ci.

Les personnes handicapées ou à mobilité réduite peuvent donc prétendre à une assistance adaptée (sous certaines conditions), en prénotifiant leur besoin d'assistance lors de la réservation ou au plus tard 48 heures à l'avance, afin de les aider à se déplacer dans tous les aéroports communautaires.

De plus, il appartient au transporteur aérien effectif, de donner la priorité aux personnes à mobilité réduite et à toutes les personnes ou les chiens guides certifiés qui les accompagnent.

Enfin, en cas de refus d'embarquement, d'annulation ou de retard, quelle que soit la durée de celui-ci, les personnes à mobilité réduite et toutes les personnes qui les accompagnent ont droit à la prise en charge de l'article 9, qui leur est fournie dès que possible.

A titre d'exemple, en mai 2012, la compagnie aérienne low cost Easyjet avait été condamnée à verser une amende de 5 000 €, ainsi que des dommages et intérêts, pour avoir débarqué une passagère en situation de handicap.

La Commission européenne a l'intention de proposer une directive (Acte européen sur l'accessibilité) qui visera à améliorer l'accès aux marchés des biens et services pour les personnes handicapées. Ces orientations ont pour but de faciliter les déplacements en avion des personnes handicapées et des personnes à mobilité réduite et faciliteront la tâche des autorités nationales chargées de faire appliquer les règles en vigueur (voir le site europa.eu).

10 TRANSPORT AÉRIEN : LES COMPAGNIES DOIVENT AFFICHER LE PRIX DÉFINITIF

L'information sur les prix

Le 15 janvier 2015, la CJUE a rendu une décision (affaire n° C-573/13) qui oblige les compagnies aériennes, mais également les agences de voyages ou intermédiaires de voyage qui vendent des vols au départ de l'Union européenne, de **préciser dès le début le prix définitif à payer**.

Quel est l'intérêt de cette décision ?

Le prix tout compris d'un vol doit apparaître dès le début de la réservation (décision de la Cour de justice de l'Union européenne, affaire n° C-573/13 du 15 janvier 2015).

Le prix, doit comprendre le tarif du vol, les taxes et redevances, mais aussi l'éventuel supplément dû pour le kérosène et les frais de dossier, afin de permettre au client de comparer avec d'autres compagnies. Cette obligation s'applique pour tous les vols au départ de l'Union européenne (*Maître Patrick Goergen in Les droits des voyageurs en Europe, Union Luxembourgeoise des Consommateurs*).

Quelles sont les conséquences de cette décision ?

Cette décision implique une plus grande transparence de prix pour le consommateur et une meilleure information précontractuelle.

Quelle est la situation du passager ?

Le passager ne peut plus partir

Un empêchement de dernière minute, des risques dans le pays de destination, des congés refusés... il est impossible au passager de partir. Quels sont alors ses droits ?

Le passager peut-il céder son billet ?

Non. Un billet d'avion est **nominatif** et il ne peut être utilisé que par son titulaire. Seule la compagnie aérienne peut autoriser un changement de passager mais souvent avec des frais. Si le passager a acheté son billet auprès d'une agence de voyages, il pourra lui demander de transmettre sa requête auprès de la compagnie. Elle aura des chances d'aboutir si elle est faite suffisamment longtemps à l'avance.

Le passager peut-il demander le remboursement ou un report du voyage ?

Les conséquences de l'annulation ne sont pas fixées par la loi ou les traités internationaux, mais par le contrat que le passager a passé.

Les droits à remboursement ou à un report dépendront du type de billet souscrit, et ils seront très limités si le billet a été acheté à coût réduit.

Le billet de transport sur une ligne régulière, sans réduction particulière, est traditionnellement valable un an à compter de sa date d'émission. Un report du voyage dans ce délai est donc possible. Le passager doit se renseigner auprès du professionnel qui a vendu le billet.

Les billets à coût réduit ne sont le plus souvent valables que sur un vol donné. C'est le cas des billets commerciaux proposés par les grandes compagnies sur des lignes régulières, des billets « dernière minute » revendus par les agences, des billets vendus par des compagnies à bas coût (« low cost ») et des billets sur les vols charters.

Mais des reports sont parfois possibles. En cas de circonstances extraordinaires, les compagnies qui suivent les pratiques recommandées par l'IATA (International Air Transport Association, organisation internationale à laquelle adhérent la plupart des compagnies aériennes), prolongent la validité des billets non remboursables en temps normal.

Par ailleurs, certaines agences permettent l'annulation moyennant la retenue de frais d'autant plus élevés que la date du départ est proche.

Le passager doit-il souscrire une assurance annulation ?

Assurance complémentaire

Si le passager voyage avec un billet non remboursable, il sera sans doute raisonnable de souscrire l'assurance complémentaire qui lui sera proposée. Elle couvre généralement, outre l'annulation pour maladie, accident ou perte d'emploi, d'autres risques comme l'assistance médicale à l'étranger, le rapatriement, le vol ou la perte des bagages. Le passager doit toutefois prendre le temps de lire les conditions générales ou, au minimum, la définition des risques couverts, et être attentif aux exclusions.

> **Bon à savoir**
>
> **Doublon avec la carte bancaire** : le passager vérifiera que cette assurance ne fait pas double emploi avec son contrat de carte bancaire, s'il choisit ce mode de paiement : les cartes « haut de gamme » (Visa Premier, Eurocard ou Mastercard Gold...) comportent déjà ce type d'assurance. Pour le savoir, il faut consulter la fiche d'information des garanties de la carte bancaire. À noter que le simple fait de détenir cette carte permet au passager de bénéficier de l'assistance rapatriement.
>
> Le passager devra utiliser la carte bancaire lors du paiement afin de bénéficier de celle-ci. Attention toutefois, certains contrats refusent de couvrir le passager si la prestation n'a pas été payée en totalité avec la carte bancaire.
>
> **Exemple** : sur un vol d'un montant de 1 000 €, si le passager paye 400 € en chèque vacances et 600 € avec sa carte bancaire, il se peut qu'il ne bénéficie pas de l'assurance annulation comprise dans ses garanties bancaires. Il convient donc de vérifier, dans les détails, son contrat bancaire.

Si le passager est victime d'un accident

Les crashs aériens sont extrêmement rares, les blessures consécutives à un trou d'air ou à un sac tombé d'un compartiment à bagage mal fermé sont plus fréquentes. Dans un cas comme dans l'autre, le transporteur verra sa responsabilité engagée dans les conditions prévues par la convention de Montréal. Ce texte s'impose à tous les transporteurs des pays qui l'ont ratifié (200 pays à ce jour), dans tous les États européens. Ces derniers ont des obligations accrues par l'effet d'un **règlement européen de 1997 modifié en 2002**. La convention, qui ne concerne en principe que les vols internationaux, s'y applique même sur les vols intérieurs.

Le transporteur est *a priori* responsable

L'article 17 de la convention de Montréal prévoit que le transporteur est responsable du préjudice survenu en cas de mort ou de lésion corporelle subie par un passager à bord de l'aéronef ou au cours de toutes opérations d'embarquement ou de débarquement. Le voyageur blessé, ou ses ayants droit en cas de décès, n'a donc pas à démontrer cette responsabilité : c'est une responsabilité sans faute.

L'indemnisation de la victime est illimitée

Les victimes, ou leurs ayants droit en cas de décès, ont droit à réparation et l'indemnisation qui leur est due doit compenser intégralement leur préjudice. Toutefois, elle est illimitée : selon le montant du dommage, et donc de la réparation demandée, le transporteur pourra ou non écarter sa responsabilité :

- si ce montant est inférieur à l'équivalent de 100 000 droits de tirage spéciaux (DTS), soit environ 110 000 euros, le transporteur est automatiquement responsable. Il ne peut écarter sa responsabilité que s'il prouve que la victime a contribué par sa faute ou sa négligence au dommage subi, auquel cas, un partage de responsabilité est possible ;
- au-delà de ce montant, le transporteur n'est que présumé responsable. Il peut non seulement exclure ou limiter sa responsabilité en démontrant la faute du passager, mais aussi en prouvant que lui-même ou ses agents ont été irréprochables.

Le versement d'une avance est de droit

Pour permettre aux victimes ou à leurs ayants droit de subvenir à leurs besoins immédiats sans attendre l'issue d'une procédure forcément très longue, la convention de Montréal prévoit qu'ils reçoivent une avance immédiate. Le montant de cette avance n'est pas déterminé (sinon par les lois nationales), sauf en cas de décès imputable à un transporteur européen : le règlement européen de 1997 cité plus haut prévoit qu'elle ne peut être inférieure à l'équivalent de 16 000 DTS, soit environ 18 500 euros par passager, et qu'elle sera versée dans les quinze jours suivant l'accident. Le versement de cette avance ne vaut pas reconnaissance de responsabilité et sera déduit du versement final.

Si la compagnie aérienne est mise en liquidation

Une mise en liquidation, situation autrefois improbable, est devenue réalité avec l'arrivée des compagnies aériennes à coût réduit ou « *low cost* ».

Les voyageurs qui souhaitent être remboursés des billets achetés pour un vol qui n'aura pas lieu doivent déclarer leur créance c'est-à-dire exposer pourquoi la compagnie leur doit de l'argent et combien en écrivant au liquidateur nommé par le tribunal de commerce.

Il faut être lucide : à ce stade, le voyageur a peu d'espoir d'être remboursé, car il passera derrière les créanciers privilégiés (salariés, Trésor public, Urssaf). Il a davantage de chances s'il a acheté son billet auprès d'une agence de voyages dans les semaines qui précédaient le vol.

En effet, la plupart des agences ne reversent pas immédiatement le prix des vols aux compagnies aériennes mais le font transiter par le BSP, sorte de banque chargée de répartir les fonds entre les compagnies aériennes, chaque mois à date fixe. Dans l'intervalle et de façon plus durable lorsque les agences, par l'intermédiaire de leur groupement, en ont demandé le blocage en référé.

Ces fonds restent disponibles et ils n'entrent pas dans la masse à répartir. Les voyageurs concernés peuvent alors espérer un remboursement en s'adressant à leur agence. Ceux ayant payé leurs billets par carte bancaire peuvent toujours faire opposition dans les meilleurs délais (Code monétaire et financier, art. L. 133-24).

Il faut agir contre le transporteur effectif du vol. Pour tous les vols, le passager pourra contacter une association de consommateurs qui aidera à faire vos démarches.

Dans le cas où le passager n'arrive pas à obtenir satisfaction auprès de la compagnie aérienne et que les voies de recours ont été épuisées, il est possible de faire appel pour les litiges relatifs à des vols secs à la Direction générale de l'Aviation civile (DGAC), à l'Administration du ministère de l'Écologie, de l'Énergie, du Développement Durable et de la Mer (MEEDDM) ou au médiateur Tourisme et Voyage (MTV). Ce dernier est également compétent pour les vols achetés dans le cadre d'un voyage à forfait.

La Direction générale de l'Aviation civile (DGAC)

Lorsque le vol a lieu avec une compagnie aérienne européenne, chaque État membre désigne un organisme chargé de l'application du Règlement européen n° 261/2004 et prenant les mesures nécessaires au respect des droits des passagers. En France, il s'agit de la Direction Générale de l'Aviation Civile (DGAC). Cet organisme est désigné en qualité d'organisme national de contrôle. Attention, le délai de traitement des plaintes par la DGAC peut aller jusqu'à 6 mois. Il convient d'adresser les originaux des documents et toutes les pièces justificatives. Il est conseillé de conserver une copie de tous les documents.

Il existe deux moyens pour saisir la DGAC :

- soit par formulaire électronique en ligne (http://www.developpement-durable.gouv.fr) ;
- soit par courrier postal à l'adresse ci-dessous, de préférence en recommandé avec accusé de réception.

Direction du transport aérien (DGAC)
Mission du droit des passagers
Bureau des passagers aériens (MDP/P2)
50, rue Henry Farman
75720 PARIS CEDEX 15

Le Médiateur Tourisme et Voyage (MTV)

Il est compétent pour tout litige avec une agence de voyages, un tour-opérateur ou une compagnie aérienne adhérent d'une des organisations signataires de la Charte de médiation (Fédération Nationale de l'Aviation Marchande, Associations de Tour-Opérateurs, Organisation nationale des professionnels du voyage).

Attention toutefois, le médiateur n'étant pas un service client, le passager doit avoir au préalable épuisé les recours internes. Cette saisine ne pourra donc intervenir qu'en cas de réponse négative ou d'absence de réponse du service concerné dans le délai prévu par les conditions de vente (maximum 60 jours).

Pour saisir le MTV, il suffit de télécharger le formulaire en ligne, (http://www.mtv.travel/Formulaire-mtv.pdf), de le compléter avec l'ensemble des pièces demandées, de l'imprimer et de l'envoyer au Médiateur.

Médiateur Tourisme et Voyage
Médiation Tourisme Voyage
BP 80 303
75 823 PARIS Cedex 17

En tant que consommateur français, si le passager rencontre un problème avec un professionnel du voyage d'un autre pays de l'Union européenne, de l'Islande ou de la Norvège, et qu'il ne parvient pas à trouver une solution amiable, il peut contacter le **Centre européen des consommateurs France** (CEC).

Centre européen des consommateurs France
Bahnhofsplatz 3
77694 Kehl
Allemagne

Les autres recours

Les recours administratifs

Le ministre chargé des Transports peut prononcer des amendes administratives à l'encontre des compagnies qui ne respectent pas les obligations issues de la réglementation européenne : indemnisation et assistance en cas de refus d'embarquement, d'annulation ou de retard important de vol.

Le voyageur victime de l'une ou l'autre de ces infractions peut adresser une réclamation à la Direction générale de l'aviation civile (DGAC).

Les recours judiciaires

Qui assigner ?

C'est la compagnie aérienne qui a assuré le vol qu'il faudra assigner, même si le vol a été commercialisé par une agence de voyages.

Si la compagnie qui a assuré le vol n'est pas celle avec laquelle le contrat a été conclu (et dont le nom ou le code figure sur le billet), le passager peut poursuivre l'une ou l'autre.

Devant quel tribunal ?

Suivant la convention de Montréal (article 33), le voyageur qui souhaite intenter une action en responsabilité, peut saisir soit le tribunal du siège principal de l'exploitation du transporteur, soit le tribunal de l'agence du transporteur qui a commercialisé le billet, soit enfin le tribunal du domicile du transporteur.

Mais il peut également saisir le tribunal du lieu de départ ou d'arrivée de l'avion *(CJCE, C-204/08 et C-402/07)*.

Par ailleurs, selon les dispositions de l'article L. 141-5 du Code de la consommation, « Le consommateur peut saisir à son choix, outre l'une des juridictions territorialement compétentes en vertu du Code de procédure civile, la juridiction du lieu où il demeurait au moment de la conclusion du contrat ou de la survenance du fait dommageable ».

En outre, la victime d'un accident corporel, ou ses ayants droit, peut assigner le transporteur devant le tribunal du lieu où elle résidait de façon permanente à l'époque des faits. Lorsque la demande n'excède pas 4 000 €, la juridiction de proximité est compétente ; à partir de 4 001 €, ce sera le tribunal d'instance et au-delà de 10 000 €, le tribunal judiciaire (avocat obligatoire).

Dans quel délai ?

En principe, toutes les actions en responsabilité contre le transporteur doivent être engagées dans les **2 ans** (Conv. Montréal, art. 35) à compter de l'arrivée à destination, ou du jour où l'aéronef aurait dû arriver ou de l'arrêt du transport.

Une exception toutefois : l'action en responsabilité pour annulation de vol, qui n'est pas évoquée dans la convention, n'est pas enfermée dans ce délai. Elle peut donc être engagée dans les délais de prescription ordinaires : 10 ans en cas de dommage corporel, 5 ans dans les autres cas, à compter de la fin du voyage ou du jour où l'avion aurait dû arriver à destination.

13

Comment définir le voyage à forfait ?

Le voyage est dit à forfait, si au moins deux éléments parmi ceux énumérés ci-dessous se trouvent réunis en un seul voyage :

- transport,
- hébergement,
- autres prestations touristiques (dans la mesure où il ne s'agit pas de prestations accessoires du transport et de l'hébergement, mais où elles représentent une partie considérable de la prestation totale). Le voyage ainsi composé devra durer 24 heures au moins ou bien inclure une nuitée, et il doit être offert à un prix global. Cela n'exclut pas une facturation séparée des prestations.

La Cour de justice de l'Union européenne a souligné qu'on parle non seulement de voyage à forfait lorsqu'il s'agit d'un voyage arrangé à l'avance par le voyagiste/l'agent de voyages, mais qu'il peut également s'agir d'un voyage composé à la demande du client.

Dans le passé, la question s'est posée si les programmes d'échanges scolaires étaient également à considérer comme voyages à forfait. La Cour a répondu par la négative en se prononçant sur un cas, où il y avait certes un transport sous forme d'un vol vers le pays d'accueil – un élément conforme à la directive – mais la caractéristique de l'hébergement faisait défaut, étant donné que les jeunes étaient hébergés dans des familles d'accueil.

Un voyage offert par un quotidien à ses fidèles abonnés qui ne paient s'ils voyagent seuls que les taxes d'aéroport et le supplément pour chambre individuelle ou qui, s'ils sont accompagnés d'au moins une personne payant le plein tarif, ne paient que les taxes d'aéroport, est également un voyage à forfait.

A savoir

Dans le cas de circonstances exceptionnelles liées au **Covid-19**, c'est l'agence de voyages qui devra répondre à son client selon les règles définies par le Code du tourisme et l'ordonnance du 25 mars 2020.

Pour tout voyage entre **le 1er mars 2020 et une date antérieure au 15 septembre 2020**, la relation entre le voyageur et le voyagiste est définie par l'art L. 211-14 : « Le voyageur a le droit d'annuler le contrat avant le début du voyage ou du séjour sans payer de frais de résolution si des circonstances exceptionnelles et inévitables, survenant au lieu de destination ou à proximité immédiate de celui-ci, ont des conséquences importantes sur l'exécution du contrat ou sur le transport des passagers vers le lieu de destination. Dans ce cas, le voyageur a droit au remboursement intégral des paiements effectués mais pas à un dédommagement supplémentaire. (....) »

Ce dernier point est remis en cause par **l'ordonnance du 25 mars 2020** visant à éviter un assèchement des liquidités au sein des agences de voyages et leur permettre de reprendre une activité sans faire face à des demandes de remboursements massives qui leur feraient mettre la clé sous la porte. Dans cette période difficile les compagnies aériennes ou même les hôteliers réfrènent les remboursements même s'ils sont prévus dans les clauses d'un contrat. Ceci afin d'assurer leur propre survie financière. On parle ici d'effet domino.

Cet article est donc complété par la nouvelle ordonnance qui vient définir les contours de l'annulation qui peut être prise par le client comme par le voyagiste disposant d'un délai de 30 jours pour informer de sa décision. Le voyagiste pourra faire une nouvelle proposition pour une prestation identique ou équivalente valable 18 mois (identique au délai de remboursement instauré par l'ordonnance).

Beaucoup se posent la question en ces temps mouvementés de la possible faillite de l'agence de voyages dans **ce délai de 18 mois** : le bon d'achat bénéficie de la garantie financière obligatoirement souscrite par les agences de voyages dans le cas des voyages au forfait. L'APST, l'institution principale qui garantit la continuité de ce type de prestations, s'est fait connaître du grand public suite à la faillite de THOMAS COOK.

Liens utiles
https://registre-operateurs-de-voyages.atout-france.fr/web/rovs/cessations-de-garantie-financiere#https://registre-operateurs-de-voyages.atout-france.fr/immatriculation/rechercheMenu?o

Voyages en avion

Auprès des transporteurs eux-mêmes

Il est toujours conseillé de s'adresser d'abord au transporteur, car dans la plupart des cas il est le mieux placé pour évaluer la situation et pour réagir au plus vite aux revendications.

Auprès des services de réclamation nationaux

Chaque État membre s'engage à créer un service surveillant la mise en œuvre effective des droits des passagers aériens, auquel le passager pourra soumettre ses plaintes en cas d'infraction. Il est expressément souligné que ces services n'interviennent qu'après une réclamation préalable auprès du transporteur. À défaut d'une réponse dans les six semaines, le passager pourra s'adresser aux services nationaux compétents.

Il est à noter que c'est toujours le service national du pays où l'incident s'est produit qui est compétent.

Ces services peuvent également prononcer des sanctions à l'encontre des transporteurs

Personnes soumises aux obligations

La directive mentionne les obligations de l'organisateur de voyages (« celui qui organise des voyages à forfait non seulement à l'occasion et qui les vend directement ou par l'intermédiaire d'un agent de voyages »), tout comme celles de l'agent de voyages (« celui qui vend des voyages à forfait »).

En pratique, cette différenciation ne devrait pas causer de problèmes, car la plupart des droits engagent tant l'organisateur que l'agent de voyages. Mais d'après la directive, seul l'organisateur se trouve engagé quant aux aspects ayant trait à l'organisation du voyage (prestations convenues mais non fournies, annulation, etc.).

Réservation

Les dispositions européennes en matière de protection des consommateurs protègent le passager dès la réservation : la brochure du voyagiste doit être exempte d'affirmations trompeuses, mais elle doit contenir des affirmations claires et détaillées sur le contenu des prestations. Ces informations engagent l'organisateur/l'agent de voyages, c'est-à-dire qu'on ne pourra imposer au voyageur des conditions de voyage modifiées que si l'organisateur/l'agent de voyages s'est expressément réservé ce droit au moment de la réservation.

Obligations d'information

Avant la conclusion du contrat

Le voyagiste doit renseigner le passager notamment sur les éventuelles modalités d'entrée (exigences en matière de passeports et de visas), pour lui permettre de prendre les mesures requises en temps utile.

Avant le début du voyage

Avant le début du voyage, le cocontractant devra au voyageur fournir les informations suivantes :

- les horaires et les lieux des escales et des correspondances, et le cas échéant la place réservée à occuper par le voyageur sur un bateau ou dans un train,
- le nom, l'adresse et le numéro de téléphone du représentant local de l'organisateur ou de l'agent de voyages ou, à défaut, des organismes locaux susceptibles d'aider le consommateur en cas de problèmes,
- en cas de voyages ou de séjours à l'étranger de mineurs, des informations permettant d'établir un contact direct avec l'enfant ou un responsable sur place, des informations sur la souscription facultative d'une assurance couvrant les frais de rapatriement en cas d'accident ou de maladie.

15 Contenu du contrat et exigences quant à la forme

Des indications détaillées sur tous les éléments essentiels du contrat

Le contrat de réservation d'un voyage à forfait doit comporter des informations (dans la mesure où elles s'appliquent au voyage à forfait en question) sur :

- le/les lieu(x) de destination avec, en cas de séjour fractionné, les périodes et dates respectives, les moyens de transport (à l'inclusion de leurs caractéristiques et catégories, les jours, heures et lieux de départ et d'arrivée),
- en cas d'hébergement, toutes ses caractéristiques essentielles et sa catégorie touristique, le nombre des repas inclus,
- un éventuel nombre minimum de participants requis pour la réalisation du voyage ainsi que la date prévue pour une éventuelle annulation, si ce nombre n'est pas atteint,
- l'itinéraire du voyage,
- toutes les prestations comprises dans le prix global du voyage à forfait (excursions, etc.),
- le nom et l'adresse de l'organisateur, de l'agent de voyages et, le cas échéant, de l'assureur,
- le prix et les modalités de paiement,
- tous les souhaits particuliers exprimés par le client et acceptés par l'organisateur,
- les délais de réclamation (p. ex. pour inexécution ou mauvaise exécution du contrat).

Forme

Toutes les clauses contractuelles devront être remises sous forme écrite au passager avant la conclusion du contrat. Ce dernier devra également recevoir une version écrite du contrat définitif avec toutes les clauses contractuelles. Si ces dispositions ne sont pas respectées, le contrat sera nul.

Particularités quant au prix

En principe, l'organisateur/l'agent de voyages ne peut plus modifier le prix après la conclusion du contrat, à moins que cette possibilité n'ait été expressément prévue au contrat.

Mais cela ne vaut pas pour des changements de prix dus aux frais de transport, notamment en raison d'une augmentation du coût du carburant ou des redevances pour certaines prestations comme les taxes d'embarquement ou de débarquement dans les ports, les taxes d'atterrissage sur les aéroports ou une modification des cours de change. En aucun cas le prix ne pourra être modifié moins de vingt jours avant la date de départ convenue.

Transférabilité du voyage à une autre personne

Si le passager ne veut pas entamer le voyage à forfait, il est en droit de le céder à un tiers. Mais il est tenu d'en informer l'organisateur/ l'agent de voyages avant le départ en voyage.

Sous certaines conditions, le passager a le droit de se désister.

Non-exécution d'une clause essentielle du contrat

Si l'organisateur se voit dans l'impossibilité de remplir une condition essentielle du contrat en raison d'un événement extérieur et inévitable, il doit avertir le passager dans les 3 jours et informer le passager qu'il peut résilier le contrat dans les sept jours.

Mais le passager peut aussi accepter la modification du contrat proposée par l'organisateur et effectuer le voyage comme prévu.

Modification du prix

Le droit de résiliation vaut également face à une augmentation du prix prévu au contrat, qui est effectuée conformément aux dispositions légales.

Suites : Droits en cas de résiliation

Si le passager résilie le contrat pour les raisons ci-dessus mentionnées, il a droit au remboursement de la totalité des montants versés dans les dix jours à partir de la date de résiliation du contrat (sans obligation de payer une pénalité contractuelle ou d'autres frais).

Il peut aussi accepter en substitution une prestation équivalente voire supérieure, sans devoir payer un supplément. Mais si ce voyage à forfait est d'une qualité inférieure, le passager a droit au remboursement de la différence de prix.

Quid de l'annulation par l'organisateur du voyage ?

En cas d'annulation par l'organisateur, le passager a droit au remboursement de tous les montants versés dans un délai de 10 jours à partir de l'annulation et à une indemnisation.

Mais le passager n'aura pas droit à une indemnisation, si l'annulation du voyage se fait pour les raisons suivantes : le nombre minimal de participants au voyage à forfait n'a pas été atteint et le passager en a été informé par écrit dans les délais prévus au contrat, ou l'annulation est due à un cas de force majeure.

On se trouve en présence d'un cas de force majeure lorsqu'il s'agit d'un événement anormal et imprévisible, dont les conséquences n'auraient pu être évitées malgré toutes les diligences déployées. Mais il est expressément souligné que cela ne vaut pas pour le cas de la surréservation.

Quid des droits en cas de non-exécution de prestations pendant le voyage ?

Lorsque l'organisateur ne peut assurer un des éléments essentiels du contrat, il doit fournir des prestations en remplacement.

Celles-ci doivent être au moins équivalentes aux prestations initialement dues. Il ne peut s'en exonérer sauf impossibilité dûment justifiée. Le coût supplémentaire lié aux prestations de qualité supérieure est à charge de l'organisateur. Si il propose au passager des prestations de qualité inférieure, la différence de prix entre les prestations initialement prévues et les prestations de remplacement devra être remboursée.

Si l'organisateur du voyage ne peut proposer des prestations de remplacement, ou si le client refuse les modifications proposées pour des raisons valables, l'organisateur devra lui procurer les titres de transport requis en vue de son retour à domicile, et conformément aux dispositions sur la responsabilité figurant ci-dessous, il devra lui payer une indemnisation.

Cause de la responsabilité

L'organisateur du voyage et/ou l'agent de voyages est responsable du déroulement du voyage conformément aux clauses du contrat, et cela indépendamment d'une éventuelle implication d'autres prestataires de services. Le cas échéant, il pourra engager une action contre ces prestataires.

Quant à l'étendue du droit à des dommages-intérêts, la Cour européenne de justice a souligné dans un arrêt de principe que le préjudice moral du voyageur donne également droit à indemnisation, notamment lorsqu'il s'agit d'un congé inutilement gâché.

Affaire Simone Leitner contre TUI Allemagne, n° C-168/001
Madame Leitner avait réservé un voyage à forfait dans un « Robinson Club » en Turquie. Une semaine après son arrivée, elle souffrait d'une salmonellose provoquée par des aliments avariés qu'elle avait mangés au club. La maladie persistait jusqu'à la fin de son séjour, et empêchait toutes activités de vacances. Après son retour, elle portait plainte contre TUI et exigeait non seulement une indemnité pour souffrances endurées, mais également une indemnité pour préjudice moral en raison des vacances gâchées. Le tribunal chargé de l'affaire a demandé à la Cour de justice de l'UE de se prononcer sur l'importance des dommages-intérêts dus d'après la directive sur les voyages à forfait. La Cour a conclu que – même si la directive ne parle que de façon générale de « l'obligation de réparer les dommages résultant de l'inexécution ou de la mauvaise exécution du contrat » – l'objectif de la directive, à savoir la garantie d'une protection du consommateur au plus haut degré, exige un tel droit. Car la « réparation du préjudice causé par la perte de l'agrément de vacances a une importance particulière » pour le consommateur.

Source : P. Goergen in Les droits des voyageurs en Europe, Union Luxembourgeoise des Consommateurs.

Exclusion de la responsabilité

L'organisateur et/ou l'agent de voyages se trouve complètement ou partiellement exonéré de sa responsabilité, lorsqu'il peut prouver que l'inexécution ou la mauvaise exécution du contrat est due à une faute du voyageur, à des actions imprévisibles ou insurmontables d'un tiers étranger à la fourniture des prestations prévues au contrat, ou à un cas de force majeure.

Les parties au contrat peuvent également convenir de limiter la réparation. Mais les cas de dol ou de faute lourde de l'organisateur ainsi que les dommages corporels sont exclus d'un tel accord.

Exercice des droits ?

Toute défaillance dans l'exécution du contrat doit être signalée dès que possible. Les délais de forclusion respectifs doivent être fixés expressément dans le contrat.

L'organisateur et/ou l'agent de voyages doit assurément fournir la preuve qu'il dispose de ressources suffisantes pour assurer le remboursement des montants payés et le rapatriement du client. Un certificat correspondant avec toutes les informations requises en cas d'insolvabilité (nom et adresse de l'assureur, toutes les données nécessaires pour le rapatriement) doit être remis au passager lors de la réservation.

La forme de la garantie peut être choisie par l'organisateur ; dans la plupart des cas, il s'agit d'une assurance insolvabilité en faveur du voyageur. Cette obligation entend contrer les risques du consommateur liés au paiement anticipé du prix et à la répartition floue de la responsabilité entre l'organisateur et les différents prestataires de services. L'assureur doit mettre à la disposition du voyageur un service permanent (24/24 heures, 7/7 jours) pour toutes les questions concernant un rapatriement.

Le « remboursement des montants payés » comprend également les frais d'hébergement que le client de l'hôtel doit assumer lui-même suite à l'insolvabilité. La Cour européenne de Justice l'a d'ailleurs clairement souligné.

L'affaire « Verein für Konsumenteninformationen Österreich », n° C-364/961

Une association autrichienne soutenant les consommateurs qui souhaitent faire valoir leurs droits, avait porté plainte contre l'assureur d'un organisateur de voyages. Suite à l'insolvabilité de l'organisateur intervenue au cours de leur voyage, les voyageurs étaient contraints de payer une deuxième fois les frais d'hôtel préalablement versés à l'organisateur, car l'hôtelier entendait empêcher leur départ (en recourant à la force physique).

L'assureur se déclarait prêt à assumer les frais du rapatriement, mais il refusait de prendre en charge le remboursement des frais d'hôtel.

Le voyageur ayant payé l'hébergement deux fois – d'abord à l'organisateur du voyage, ensuite à l'hôtelier – la Cour décidait que, en allant dans le sens de la directive, l'assureur était effectivement obligé de procéder au « remboursement des montants versés ». Le voyageur ayant été logé à ses propres frais, les montants versés à l'organisateur devront lui être remboursés, car suite à l'insolvabilité de ce dernier, les prestations convenues n'ont pas été fournies au voyageur. La partie défendeur soutenait qu'une telle interprétation inciterait les hôteliers à recourir davantage à de telles pratiques, mais la Cour européenne était d'avis que s'ils le jugeaient nécessaires, les assureurs pouvaient s'en tenir aux hôteliers, car ils seraient certainement mieux placés que les voyageurs pour intenter une action contre les hôteliers.

Source : P. Goergen in Les droits des voyageurs en Europe, Union Luxembourgeoise des Consommateurs.

Droits des passagers

Si le passager rencontre des problèmes avec l'organisateur du voyage et/ou l'agent de voyages ou l'entreprise de transport, il peut faire valoir ces droits en recourant à des voies extrajudiciaires. Celles-ci peuvent varier en fonction du moyen de transport.

Mais en l'absence de toute réaction ou d'une réaction satisfaisante à la réclamation, le passager pourra porter l'affaire devant les tribunaux. Dans ce cas-là, le passager doit se renseigner sur la juridiction compétente et le droit applicable. Comme il pourrait y avoir des délais d'introduction d'instance, il est recommandé d'agir au plus vite.

Action en justice ?

Si le passager ne parvient pas à faire valoir ses droits par voie extrajudiciaire, il pourra engager une procédure.

Si le litige oppose le passager à une compagnie européenne, qu'il ne dépasse pas 2 000 € et qu'aucune solution amiable n'est trouvée, le passager pourra introduire une procédure européenne de règlement des petits litiges contre la compagnie.

Le passager pourra saisir soit le tribunal du pays où siège la compagnie, soit le tribunal du lieu de départ, soit le tribunal du lieu d'arrivée.

Si le passager a subi un préjudice, y compris moral, autre que le préjudice financier résultant de la non prise en charge par le transporteur des frais et de l'assistance le passager peut introduire une procédure en dommages et intérêts sur la base de la Convention de Montréal.

Attention, ce texte prévoit une limite d'indemnisation de 5 000 €.

Quel est le tribunal compétent ?

Si le voyageur et son cocontractant sont établis dans le même État membre, la compétence est déterminée d'après les règles nationales pour la compétence des tribunaux. En principe, la plainte sera déposée au lieu de résidence de la partie défenderesse.

La question de la compétence du tribunal en cas de contrats se rapportant à plusieurs États membres est réglée par le *Règlement de Bruxelles*. Ce règlement part également du principe que la plainte doit être déposée au lieu de résidence de la partie du défendeur.

Des exceptions à cette règle sont néanmoins prévues, et un autre tribunal compétent pourra être désigné, si cette décision est justifiée par des raisons légitimes comme le besoin de protection du plaignant, donc dans ce cas-ci du voyageur.

Les contrats du secteur du droit des voyages sont des contrats portant sur des prestations de services. En cas de litige sur les droits résultant du contrat, le voyageur peut porter plainte devant le tribunal du lieu où les services auraient dû être fournis.

En cas d'action en dommages-intérêts, le tribunal compétent pourra également être celui du lieu où le fait dommageable s'est produit.

Pour les affaires d'assurances (p. ex. en cas de plainte contre l'assureur dans le cadre de l'insolvabilité de l'organisateur du voyage à forfait) la plainte pourra également être déposée au lieu de résidence du plaignant.

Après avoir déterminé la compétence à raison du lieu, le passager doit déterminer quel tribunal a la compétence à raison de la matière.

Action en justice pour obtenir une indemnité compensatoire d'après le règlement n° 261/2004/CE ?

Le règlement sur les droits des passagers de 2004 ne comporte pas de réglementation spécifique concernant la compétence des tribunaux en matière de plaintes portant sur les indemnités compensatoires à payer par les compagnies aériennes en vertu de ce même règlement.

Ce sont donc les règles générales du règlement de Bruxelles qui sont applicables.

Le cas Peter Rehder, n° C-204/081
M. Rehder avait réservé un vol Munich-Vilnius (Lituanie) auprès d'Air Baltic, mais ce vol avait été annulé. M. Rehder intentait alors une action aux fins de paiement d'une indemnité compensatoire de 250 € devant un tribunal du lieu de départ. Comme la question de la compétence du tribunal ne pouvait être clarifiée définitivement, le tribunal en dernière instance (la Cour fédérale de justice) a soumis à la Cour de justice de l'Union européenne une question sur l'interprétation de l'art. 5 n° 1 b) 2e tiret du règlement de Bruxelles, dans le contexte du droit à une indemnité compensatoire pour annulation de vol.

La Cour a souligné que les droits issus du règlement n° 261/2004/CE existent indépendamment des dommages-intérêts sur la base du règlement n° 2027/97/CE, pour lesquels la convention de Montréal prévoit une règle explicite sur le tribunal compétent (art. 33 de la convention de Montréal).

Source : P. Goergen in Les droits des voyageurs en Europe, Union Luxembourgeoise des Consommateurs.

Les règles sur les tribunaux compétents diffèrent par conséquent pour les deux genres de droits.

L'article 5 du Règlement de Bruxelles établit un tribunal compétent spécifique qui ne se trouve pas au domicile du demandeur, mais au lieu de l'exécution du contrat. D'après l'article 5 n° 1 b), 2e tiret, il s'agit du tribunal du lieu où l'obligation qui sert de base à la demande a été ou aurait dû être exécutée. Cette règle entend assurer la compétence d'un tribunal proche des lieux en relation avec l'objet du contrat.

Lors de vols avec plusieurs lieux de fourniture de services dans différents États membres, « il convient de rechercher le lieu qui assure le rattachement le plus étroit entre le contrat en cause et la juridiction compétente, notamment celui où, en vertu de ce contrat, doit être effectuée la fourniture principale des services ».

Les juges européens considèrent que le lieu du siège ou du principal établissement de la compagnie aérienne concernée ne présente pas le lien étroit nécessaire avec le contrat. Car les opérations et actions entreprises depuis ce lieu ne constituent que des mesures logistiques et préparatoires en vue de l'exécution du contrat aérien et non pas des services dont la fourniture serait liée au contenu proprement dit du contrat. Il en est de même pour le lieu de la conclusion du contrat de transport aérien et celui de la délivrance du billet.

Les services dont la fourniture correspond à l'exécution des obligations découlant d'un contrat de transport aérien de personnes sont, en effet, l'enregistrement ainsi que l'embarquement des passagers et l'accueil de ces derniers à bord de l'avion, le transport des passagers et de leurs bagages du lieu de départ et au lieu d'arrivée, la prise en charge des passagers pendant le vol et, enfin, le débarquement de ceux-ci, dans des conditions de sécurité, au lieu d'atterrissage convenu dans ce contrat. La Cour de justice a souligné que « les seuls lieux qui présentent un lien direct avec lesdits services, fournis en exécution des obligations liées à l'objet du contrat, sont ceux de départ et d'arrivée de l'avion », étant précisé que les termes « lieux de départ et d'arrivée » doivent être entendus comme étant ceux convenus dans le contrat de transport.

Tant le lieu de départ que le lieu d'arrivée peuvent être considérés comme les lieux où doit être effectuée la fourniture principale des services. En cas de droits résultant du règlement n° 261/2004/CE sur la base de l'art. 5 n° 1 b), 2e tiret du règlement n° 44/2001/CE, le voyageur pourra donc choisir de porter plainte soit auprès du tribunal du lieu de départ, soit auprès de celui du lieu d'arrivée.

Responsabilité d'après le règlement n° 2027/97/CE

Un accord spécial sur la juridiction compétente est prévu pour le cas de responsabilité d'après le règlement n° 2027/97/CE. L'article 33 de la convention de Montréal énonce que la plainte peut être déposée – au choix du plaignant – soit devant le tribunal du domicile du transporteur aérien, du siège principal de son exploitation ou du lieu où il possède un établissement par le soin duquel le contrat a été conclu, soit devant le tribunal du lieu de destination.

En ce qui concerne le dommage résultant de la mort ou d'une lésion corporelle subie par un passager, l'action en responsabilité peut être intentée devant l'un des tribunaux mentionnés ou sur le territoire d'un État partie où le passager a sa résidence permanente au moment de l'accident et vers lequel ou à partir duquel le transporteur exploite des services de transport aérien de personnes.

Les droits dans l'Union européenne

En vertu du **règlement européen n° 1371/2007 du 23 octobre 2007** sur les droits et obligations des voyageurs ferroviaires, les voyageurs ont **6 droits essentiels s'appliquant à l'ensemble des services de transport ferroviaire dans l'Union européenne** :

- **droit d'acheter leur billet sans difficulté** : le passager a le choix d'acheter son billet dans les gares avec un personnel d'accueil ou à une Borne Libre-Service (BLS), ou par Internet ;
- **voyager en toute sécurité** : les entreprises ferroviaires, les gestionnaires d'infrastructure et les gestionnaires de gare ont l'obligation de prendre les mesures appropriées pour garantir la sûreté des voyageurs dans les gares et à bord des trains ;
- **droit au transport pour les voyageurs à mobilité réduite** : si un passager souffre d'un handicap ou que sa mobilité est réduite, le passager peut voyager sans difficulté. Les billets et réservations doivent être proposés sans frais supplémentaires. Les entreprises ferroviaires et les gestionnaires de gare doivent mettre en place et appliquer des règles d'accès non discriminatoires ;
- **informations sur l'accessibilité des services pour les voyageurs à mobilité réduite** : les entreprises ferroviaires et les vendeurs de billets doivent communiquer au passager des informations sur l'accessibilité des services ferroviaires ainsi que les conditions d'accès au matériel roulant et les équipements à bord ;
- **indemnisation en cas de blessures ou décès, responsabilité concernant les bagages** : à condition que les causes de l'accident ne soient pas dues à des circonstances qui lui sont extérieures, l'entreprise ferroviaire doit indemniser le voyageur blessé ou les ayants droit du voyageur décédé pour les préjudices consécutifs aux blessures ou au décès. L'entreprise ferroviaire est également responsable de la perte ou la détérioration des bagages à main en cas de blessure ou décès du voyageur et de la perte ou la détérioration des bagages enregistrés uniquement ;
- **obligation d'assurance des entreprises ferroviaires** : les entreprises ferroviaires ont l'obligation d'être correctement assurées pour couvrir leur responsabilité envers les voyageurs et leurs bagages.

Les droits au niveau international

De plus, le voyageur bénéficie des droits s'appliquant à tous les services de transport ferroviaires internationaux, comme :

- **l'information** : les entreprises ferroviaires doivent tenir informer de leurs offres (trains et billets), ainsi que des retards et autres incidents susceptibles de se produire et d'affecter leurs services internationaux ;
- **l'assistance aux personnes à mobilité réduite** : les entreprises ferroviaires et les gestionnaires de gare doivent aider les passagers au moment où ils montent à bord des trains internationaux. Les passagers doivent recevoir aussi normalement une assistance dans les gares de correspondances, ainsi qu'à la gare d'arrivée du train international. Le passager doit contacter l'entreprise ferroviaire sans frais supplémentaires et ces dernières ainsi que les gestionnaires de gare doivent mettre en place et appliquer des règles d'accès non discriminatoires ;
- **indemnisation en cas de blessures ou décès, responsabilité concernant les bagages** : à condition que les causes de l'accident ne soient pas dues à des circonstances extérieures au voyage, l'entreprise ferroviaire doit indemniser le voyageur blessé ou les ayants droit du voyageur décédé pour les préjudices consécutifs aux blessures ou au décès. L'entreprise ferroviaire est également responsable de la perte ou la détérioration des bagages à main en cas de blessure ou décès du voyageur et de la perte ou la détérioration des bagages enregistrés uniquement ;
- **en cas de retard prévisible de plus de 60 minutes** : en cas de retard prévisible de plus de **60 minutes** à la gare d'arrivée indiquée sur le titre de transport, le passager a le choix entre :
  * renoncer au trajet et se faire pour la partie non effectuée du voyage, ainsi que pour la partie déjà effectuée si le déplacement ne présente plus d'intérêt par rapport au projet de voyage initial,
  * poursuivre le trajet ou être réacheminé à la destination finale le plus tôt possible ou à une date ultérieure à la convenance du passager ;
- **en cas de retard avéré de plus de 60 minutes à destination** : si le passager n'a pas renoncé à son voyage, il a le droit à une compensation dans les proportions suivantes :
  * pour un retard de 60 à 119 min : 25 % du prix du billet du train ayant subi un retard,
  * pour un retard de 120 min et plus : 50 % du prix du billet du train ayant subi un retard.

La compensation doit être versée en argent à la demande du passager, en l'absence d'une telle indication les entreprises ferroviaires sont libres de déterminer la forme de la compensation, à condition que les conditions d'utilisations soient souples. La compensation doit être payée dans le mois qui suit la demande du passager. En règle générale, la compensation n'est versée que si son montant est supérieur ou égal à 4 euros. Des règles particulières s'appliquent aux abonnements ;

- **assistance en cas de retard ou annulation** : les entreprises ferroviaires doivent proposer gratuitement au passager l'assistance rendue nécessaire selon les circonstances et en fonction de leurs possibilités matérielles :
  * une collation et/ou des rafraîchissements,
  * un hébergement et un transport jusqu'à celui-ci,
  * un transport de substitution en cas d'impossibilité de poursuivre le transport ferroviaire ;
- **versement d'une avance en cas d'accident ferroviaire** : en cas d'accident en relation avec l'exploitation ferroviaire, l'entreprise ferroviaire exécutant le contrat de transport au moment de l'accident devra verser une avance de 21 000 euros aux ayants droit des voyageurs décédés dans un délai de quinze jours après l'identification de la personne physique ayant droit à l'indemnisation ; en cas de blessure le montant de l'avance sera proportionnel aux besoins économiques immédiats.

Réclamations et organisme national chargé de l'application du Règlement

Un voyageur peut déposer une réclamation auprès de toute entreprise ferroviaire concernée, en règle générale, l'entreprise ferroviaire qui a vendu le billet. La Direction Générale de la Concurrence, de la Consommation et de la Répression des fraudes (DGCCRF) est compétente pour recevoir les réclamations concernant un manque à l'obligation d'information contenue à l'article 8 paragraphes 1 et 3 du règlement n° 1371/2007.

L'article 17 du Règlement européen n° 1371/2007 précité, prévoit une méthode de calcul de l'indemnisation minimale des passagers en cas de retard :

- pour les retards compris entre 60 et 119 minutes, soit 1 h et 1 h 59, le montant de l'indemnisation doit être d'au moins 25 % du prix du billet pour le trajet concerné ;
- pour les retards de plus de 120 minutes, soit 2 h, le montant de l'indemnisation doit être d'au moins 50 % du prix du billet pour le trajet concerné.

Cette méthode vise à fixer des seuils minimaux d'indemnisation. Les compagnies ferroviaires sont donc libres de prévoir des montants d'indemnisation plus élevés.

L'indemnité de compensation doit être versée dans un délai d'un mois et peut prendre la forme d'un bon d'achat ou d'un virement. Si le voyageur le demande, il peut être payé en espèces.

Par ailleurs, un seuil minimal au-dessous duquel aucune indemnisation n'est possible peut exister, à condition de ne pas dépasser 4 €. La SNCF l'applique puisqu'elle prévoit que le voyageur ne sera pas indemnisé si le montant demandé est inférieur à 4 €.

Enfin, le Règlement prévoit qu'un voyageur qui a acheté son billet après avoir été prévenu du retard, ou dont le réacheminement arrive avec moins de 60 minutes de retard, ne peut pas demander à être indemnisé.

Par ailleurs, lorsque la SNCF n'est pas responsable du retard (circonstances extérieures inévitables, faute du voyageur, restrictions du trafic en raison des grèves si les voyageurs ont été suffisamment informés), les voyageurs ne peuvent pas non plus obtenir d'indemnisation.

INDEMNISATIONS FORFAITAIRES DE LA SNCF

Sans même que le consommateur ait à prouver un préjudice, les retards ou les annulations de trains peuvent donner lieu à une compensation par la SNCF.

Grandes lignes et TGV

Voici les règles applicables aux trains TGV et Intercités.

Annulation SNCF

En cas d'annulation de train, quelle qu'en soit la raison, le voyageur peut demander à la SNCF le remboursement du prix de son billet, correspondant au transport qui n'a pas pu être effectué. Il peut aussi prendre un autre train, voire emprunter un itinéraire différent, **mais seulement dans les 48 heures** qui suivent l'annulation du train. Et sans garantie de place assise...

Il faut savoir aussi qu'un retard prévisible au moins égal à 60 minutes est assimilé à une annulation de train. Dans ce cas, le voyageur peut également demander le remboursement du prix de son voyage.

Dans tous les cas où le voyage prévoit un retour, **le remboursement porte non seulement sur l'aller mais aussi sur le billet retour.**

Retard SNCF

Retard de moins de 30 minutes	Aucune compensation n'est due.
Retard de 30 à 59 minutes	Le voyageur peut demander le remboursement d'un quart du prix du trajet sous la forme de « **Bons voyages** », c'est-à-dire d'un avoir sur les voyages futurs. En revanche, il ne peut pas demander cette compensation en espèces.
Retard de 60 à 119 minutes	Le voyageur a le choix, il peut demander : - soit le remboursement d'un quart du prix du trajet sous la forme de bons voyages, - soit le remboursement en espèces d'un quart du prix du voyage.
Retard de 120 minutes ou plus	Le voyageur, là encore, a le choix. Il peut demander le remboursement de la moitié du prix du trajet sous forme de bon voyage ou en espèces.
Retard de 3 heures ou plus	Le voyageur peut demander le remboursement de 75 % du prix du billet soit sous forme de bon voyage soit sous forme de remboursement en espèces.

Réclamations

Pour faire une demande de remboursement, le voyageur doit envoyer un courrier à la SNCF comportant notamment le formulaire de réclamation téléchargeable en ligne.

Trains régionaux (RER, TER, transilien)

Aucune indemnisation automatique n'est prévue en cas de retard ou d'annulation d'un train régional.

En cas de perturbation importante, la SNCF peut toutefois accorder des indemnités sous forme de prolongation d'abonnement ou de réduction sur le prix du prochain coupon.

Billets achetés sur iDTGV

Bien que cette société soit une filiale à 100 % de la SNCF, les conditions générales de vente sont différentes.

En cas d'annulation de train, soit le client se voit proposer un replacement sans frais (dans la limite des places disponibles) dès qu'iDTGV a l'information de l'annulation, soit il est automatiquement dédommagé en bon d'achat, envoyé sur l'adresse électronique utilisée lors de la commande, dès le lendemain de la date de circulation prévue (parce que le client a renoncé à voyager, ou en l'absence de possibilité de replacement).

Dans ce cas, aucune démarche n'est nécessaire de la part du client. Il peut en revanche demander le remboursement.

Par ailleurs, l'annulation d'un aller permet au client d'obtenir le dédommagement pour le retour.

En cas de retard supérieur à 60 minutes, le client reçoit un bon d'achat dont la valeur dépend de l'importance du retard :

- **entre 60 et 119 minutes** : 25 % de la valeur du billet,
- **entre 120 et 180 minutes** : 50 % de la valeur du billet,
- **au-delà de 180 minutes** : 100 % de la valeur du billet.

Pour les trains TGV et Intercités

La SNCF a prévu des barèmes de compensation qui diffèrent légèrement de celles du **Règlement européen n° 1371/2007** :

Si le retard est inférieur à 30 min	Pas de compensation
Si le retard est compris entre 30 min et 1h	25 % du prix du billet en bon d'achat
Si le retard est compris entre 1 h et 2h	25 % du prix du billet en bon d'achat ou virement
Si le retard est compris entre 2 h et 3h	50 % du prix du billet en bon d'achat ou virement
Si le retard est supérieur à 3h	75 % du prix du billet en bon d'achat ou virement

Attention, le mode de compensation varie légèrement pour les trains INTERCITÉS 100 % ÉCO, pour lesquels l'indemnisation n'est possible qu'à partir de 60 minutes de retard.

Pour les trains OUIGO

L'indemnisation du retard pour les trains OUIGO diffère de celles des autres trains :

Si le retard est inférieur à 1h	Pas de compensation
Si le retard est compris entre 1h et 2h	25 % du prix du billet en bon d'achat
Si le retard est supérieur à 2h	50 % du prix du billet en bon d'achat

Contrairement aux autres trains, l'indemnité de compensation prend obligatoirement la forme d'un bon d'achat, et n'est exigible qu'à partir de 60 minutes de retard (Retard de train et remboursement : Que dit la loi ? 22 août 2018, litige.f).

Les indemnités sont ici fixées par un règlement européen entré en vigueur en 2009.

Annulations

Le voyageur peut demander le remboursement intégral du prix de son billet, et du retour éventuel. Y compris de la partie du voyage qu'il a déjà effectué.

Retards

Le règlement européen de 2009 prévoit des indemnisations minimales, versées en espèces :

- 25 % du prix du billet pour un retard de 60 à 119 minutes,
- 50 % pour un retard de 120 minutes et plus.

Mais certaines compagnies ou certaines lignes prévoient des conditions plus avantageuses.

La SNCF

La SNCF a prévu des montants d'indemnisation légèrement différents sur les TGV à destination de l'Italie, de l'Allemagne, de l'Espagne, du Luxembourg ou en provenance de la Suisse. En effet, jusqu'à 2 h de retard, les montants sont les mêmes que pour les trains TGV et Intercités nationaux, mais si le retard est supérieur à 3 h, l'indemnisation est égale à 50 % du prix du billet et non pas 75 %.

Pour l'Eurostar et le Thalys

L'Eurostar et le Thalys ont des règles d'indemnisation un peu particulières.

La politique d'indemnisation est la suivante :

Si le retard est supérieur à 1 h	25 % du prix du billet en bon d'achat ou virement
Si le retard est compris entre 2 h et 3 h	50 % du prix du billet en bon d'achat ou virement
Si le retard est supérieur à 3 h	75 % du prix du billet en bon d'achat

La politique d'indemnisation est la suivante :

Si le retard est compris entre 30 et 60 min	20 % du prix du billet en bon d'achat
Si le retard est compris entre 1 h et 2 h	25 % du prix du billet en virement ou 50 % du prix du billet en bon d'achat
Si le retard est supérieur à 2 h	50 % du prix du billet en virement ou 100 % du prix du billet en bon d'achat

Retard TGV Lyria / Artesia

Sur les TGV Lyria (Suisse) ou Artesia (Italie), les indemnisations sont prévues à partir de 30 minutes de retard.

Indemnisations complémentaires

En cas de préjudice

Au-delà de ces compensations forfaitaires, accordées sans justification, le voyageur peut aussi demander la réparation du préjudice qu'il a subi en cas d'annulation ou de retard du train.

Exemple : le voyageur a raté un avion, il a dû dormir à l'hôtel, il a manqué un rendez-vous important...

Le préjudice doit naturellement être justifié et chiffré.

Cas de force majeure

Mais la SNCF ou la compagnie ferroviaire concernée peut invoquer un cas de force majeure pour limiter sa responsabilité et refuser cette demande de dommages et intérêts.

Ce sont les tribunaux qui, dans tous les cas, examinent la demande d'indemnisation et l'éventuel cas de force majeure invoquée par la compagnie ferroviaire pour justifier qu'elle n'a pas rempli son contrat.

Des problèmes de personnel ou des pannes de matériel ne sont ainsi pas considérés comme des cas de force majeure, à l'inverse des perturbations climatiques exceptionnelles.

En cas de grève

En cas de grève, la SNCF pourra invoquer le cas de force majeure si ce mouvement social est inopiné. Mais, quand la grève est prévue, elle devra démontrer qu'elle a bien mis en œuvre tous les moyens en matière de logistique et d'information pour faire face aux perturbations.

Médiateur de la SNCF

Dans tous les cas, la demande d'indemnisation du préjudice passe automatiquement par une action devant les tribunaux dès lors que la SNCF refuse la demande de dommages et intérêts.

Toutefois, avant de porter l'affaire en justice, le voyageur peut aussi saisir le **médiateur de la SNCF**.

Agir en justice

En cas de retard ou d'annulation de train, le voyageur peut aussi demander la réparation du préjudice qu'il a subi devant les tribunaux.

Cette action en justice doit être intentée dans les 5 ans qui suivent l'incident.

Le voyageur pourra au choix saisir le tribunal :
- du lieu de sa résidence au moment de l'incident ;
- de la gare de départ ou d'arrivée ;
- du siège social de l'entreprise.

La compétence du tribunal dépend aussi du montant des dommages et intérêts demandés :
- jusqu'à 4 000 euros. Le voyageur devra saisir le juge de proximité par simple déclaration au greffe. Il n'a pas besoin de recourir aux services d'un avocat ;
- entre 4 000 et 10 000 euros. Le voyageur devra saisir le tribunal d'instance ;
- au-dessus de 10 000 euros, c'est le tribunal judiciaire qui est compétent.

Réclamations SNCF pour retard ou d'annulation de train

Même si la compagnie ferroviaire précise que 84 à 93 % des trains n'ont eu aucun problème de ponctualité, la SNCF doit régulièrement faire face à des retards médiatiques, notamment en période de vacances. En cause, les incidents caténaires, suicides, travaux... Heureusement, les règles d'indemnisation mises en place par la SNCF dans ce cadre sont très précises.

Quelles sont les obligations de la SNCF ?

La SNCF a une obligation de ponctualité, hors **cas de force majeure**. Ce qui implique pour les voyageurs un droit à indemnisation.

Depuis mars 2012, la SNCF s'est engagée sur **une garantie de ponctualité** qui donne droit au remboursement des billets de TGV ayant plus d'une heure de retard au départ. Mais, pour certains voyageurs, les retards concernent l'arrivée. Pour donner droit à compensation, le retard doit être imputable à la SNCF.

En revanche, pour les retards liés aux suicides, aucun remboursement n'est applicable puisque la SNCF n'est pas responsable.

Par ailleurs, seuls les trains nationaux de longue distance ou impliquant une réservation obligatoire comme les TGV et les Intercités notamment sont concernés.

Le remboursement peut se faire en bons de voyage valables six mois ou sous forme de virement bancaire correspondant à une partie du prix du billet. Les montants dépendent de la durée du retard, comme indiqué dans le tableau ci-dessous.

Retard entre 30 et 59 min	25 % du prix du billet en bons de voyage
Retard entre 1h et 2h	25 % du prix du billet en bons de voyage ou remboursement de 25 % du prix du billet
Retard entre 2h et 3h	50 % du prix du billet en bons de voyage ou remboursement de 50 % du prix du billet

Retard de plus de 3h	75 % du prix du billet en bons de voyage ou remboursement de 75 % du prix du billet

Si un hébergement est nécessaire, la SNCF peut rembourser les frais « raisonnables », dans le cadre de la Garantie Voyages.

■ Quelles démarches effectuer pour se faire rembourser ?

En pratique, la SNCF met en ligne un récapitulatif des procédures à suivre en fonction des trains concernés par les retards.

Pour les TGV notamment, le passager a 45 jours pour adresser sa demande soit par courrier via le formulaire de demande de compensation remis à l'arrivée du train ou à télécharger sur le site. Les documents sont à renvoyer à l'une des adresses suivantes :

- SNCF centre régularité, BP 12013, 14089 Caen Cedex 6 ;
- SNCF centre régularité, 37, avenue de Lyon, 31503 Toulouse Cedex 9.

Il est impératif de garder une photocopie du billet, notamment pour pouvoir ensuite faire une éventuelle réclamation au *service relations clients, voire au médiateur de la SNCF.*

La demande peut être faite également via la Garantie G30 qui donne la possibilité de réclamer dans les 60 jours après l'arrivée une compensation.

Petite astuce pour les détenteurs de cartes VISA PREMIER
Si le passager subit un retard de plus de 4 heures par rapport à l'heure initiale de départ du train, la carte VISA PREMIER lui permet de se voir rembourser la somme maximale de 400 euros TTC par retard et quel que soit le nombre d'assurés. Cette somme concerne les frais engagés pour l'hôtel, les repas, les rafraîchissements et les frais de transport (aller-retour de la gare). Si le passager a dû modifier ou racheter d'autres billets nécessaires à son voyage à cause de l'arrivée tardive du train, ils seront également inclus dans ce remboursement plafonné.

21

DROITS DES PASSAGERS DANS LE TRANSPORT PAR AUTOBUS ET AUTOCAR

C'est le Règlement (UE) n° 181/2011 du Parlement européen et du Conseil du 16 février 2011 concernant les droits des passagers dans le transport par autobus et autocar qui doit être respecté. Ce règlement fixe les règles qui régissent les droits des passagers lorsqu'ils voyagent par autobus et autocar. Il concerne :

- la non-discrimination entre les passagers pour ce qui est des conditions de transport offertes par les transporteurs ;
- les droits des passagers en cas d'accident ;
- la non-discrimination et l'assistance pour les personnes handicapées et les personnes à mobilité réduite ;
- les droits des passagers en cas d'annulation ou de retard, les informations minimales à fournir aux passagers, le traitement des plaintes et les règles générales en matière d'application.

Sous réserve de certaines exceptions, ce règlement s'applique aux passagers qui voyagent en empruntant des services réguliers destinés à des catégories non déterminées de passagers lorsque la montée ou la descente du passager a lieu sur le territoire de l'Union européenne (UE) et lorsque la distance prévue dans le cadre du service est supérieure ou égale à 250 kilomètres. Certaines de ses dispositions s'appliquent à tous les services, y compris ceux dont la distance est inférieure. Les dispositions de ce règlement sont applicables depuis le **1er mars 2013**.

Les nouveaux droits applicables aux services longue distance (à savoir sur plus **de 250 kilomètres**) sont notamment le droit à :

- **une aide appropriée** (collations, repas et rafraîchissements et, si nécessaire, jusqu'à deux nuits d'hôtel, pour un montant total de **80 € par nuit**, sauf en cas de graves intempéries et de catastrophes naturelles majeures) en cas d'annulation ou de retard de plus de 90 minutes pour un voyage de plus de trois heures ;
- **une garantie de remboursement ou de réacheminement** en cas de surréservation, d'annulation ou de retard de plus de 120 minutes par rapport à l'heure de départ prévue ;
- **une indemnisation** de 50 % du prix du billet en cas de retard de plus de 120 minutes par rapport à l'heure de départ prévue, d'annulation d'un voyage et si un transporteur n'offre pas au passager un remboursement ou un réacheminement ;
- **des informations** en cas d'annulation du service ou si son départ est retardé ;
- une **indemnisation des passagers en cas de décès, de blessure, de perte ou de dommage** causés par des accidents de la route, en particulier en ce qui concerne les besoins concrets immédiats en cas d'accident (y compris jusqu'à deux nuits d'hôtel, pour un montant total de 80 € par nuit) ;

– une **assistance spécifique gratuite pour les personnes handicapées et les personnes à mobilité réduite** dans les stations et à bord des autobus et autocars et, si nécessaire, la gratuité du transport pour les accompagnants.

En outre, les droits suivants sont applicables à tous les services (y compris lorsque **la distance à parcourir est inférieure à 250 kilomètres**) :

– **la non-discrimination** fondée directement ou indirectement sur la nationalité, en ce qui concerne les conditions contractuelles et les tarifs appliqués aux passagers ;
– **le traitement non discriminatoire des personnes handicapées et des personnes à mobilité réduite**, ainsi qu'une indemnisation financière en cas d'accident et d'équipement de mobilité perdu ou détérioré ;
– des règles minimales relatives aux **informations sur les voyages** pour tous les passagers avant et pendant leur voyage, ainsi que des informations générales sur leurs droits dans les stations et en ligne ; dans la mesure du possible, ces informations sont fournies dans des formats accessibles sur demande, dans l'intérêt des personnes à mobilité réduite ;
– **un mécanisme de traitement des plaintes** instauré par les transporteurs et accessible à tous les passagers ;
– **des organismes nationaux indépendants** dans chaque pays de l'UE, chargés d'appliquer le règlement et, le cas échéant, d'imposer des sanctions.

En cas d'arrivée tardive en raison des embouteillages, le règlement de l'UE ne s'applique pas.

Comment réserver son billet ?

La réservation s'effectue soit à l'agence de la compagnie d'autocar, soit sur son site internet.

L'arrêté du 10 avril 2017 relatif à l'information sur les prix des prestations de certains services de transport public collectif de personnes garantit au voyageur la possibilité de comparer les différentes prestations et les différents modes de transport.

Il comporte notamment :

– des règles communes d'affichage des prix ;
– l'obligation d'afficher le prix final du service dès le début du processus de réservation ;
– une information dans tous les points d'arrêt sur les horaires et les arrêts.

Les mineurs peuvent-ils voyager seuls ?

Il faut se renseigner auprès de la compagnie ! Le plus souvent :

– pour voyager, les mineurs de moins de 16 ans doivent être obligatoirement accompagnés de la personne détentrice de l'autorité parentale ;

- pour les trajets internationaux, les mineurs entre 16 et 18 ans non accompagnés de la personne détentrice de l'autorité parentale sont uniquement acceptés à bord s'ils disposent des documents nécessaires pour le franchissement des frontières (carte d'identité ou passeport, autorisation de sortie du territoire) (https://www.economie.gouv.fr/dgccrf/Publications/Vie-pratique/Fiches-pratiques/voyage-en-autocar).

En cas de panne du véhicule

Si l'autobus ou autocar tombe en panne pendant le voyage, le transporteur doit offrir les options suivantes :

- continuer le voyage avec un autre véhicule ;
- poursuivre le transport du point de dégâts à un point d'attente convenable ou une station de bus où la poursuite du voyage est possible.

En plus de ce qui précède, les passagers ont également des droits suivants : indemnisation en cas de décès ou de blessure ou en cas de dommage ou de perte de bagages causés par des accidents, en particulier en ce qui concerne les besoins concrets immédiats des passagers après l'accident (y compris l'hébergement en hôtel pour un maximum de deux nuits pour un montant total de 80 € par nuit).

Les bagages doivent être déposés en soute. Ils doivent être dûment étiquetés au nom, prénom et adresse du voyageur. Leur nombre, dimension et poids sont limités. Certains objets ou produits sont interdits (dans les bagages à main comme en soute). Il ne faut pas hésiter à se renseigner auprès de la compagnie pour en savoir plus. Lors des changements d'autocars, des correspondances et des passages en douane, les bagages sont sous la responsabilité du passager.

Une assistance spécifique gratuite pour **les personnes handicapées et les personnes à mobilité réduite** à la fois dans les stations et à bord des autobus est mise en place. Si nécessaire, le transport est gratuit pour les accompagnants.

Les règles suivantes sont applicables à tous les services de transport (y compris ceux en dessous de 250 km) :

- la non-discrimination fondée directement ou indirectement sur la nationalité, en ce qui concerne les conditions contractuelles et les tarifs appliqués aux passagers ;
- le traitement non-discriminatoire des personnes handicapées et des personnes à mobilité réduite, ainsi qu'une indemnisation financière en cas de perte ou de dommages de leur équipement de mobilité en cas d'accident ;
- des règles minimales concernant l'information de voyage pour tous les passagers avant et pendant leur voyage ainsi que des informations générales sur leurs droits dans les terminaux et en ligne ; lorsque cela est possible, ces informations doivent être fournies dans des formats accessibles sur demande, dans l'intérêt des personnes à mobilité réduite ;

– un mécanisme de traitement des plaintes instauré par les transporteurs et accessible à tous les passagers ;
– des organismes nationaux indépendants dans chaque État membre de l'UE avec le mandat de faire respecter la réglementation et, le cas échéant, d'imposer des sanctions.

22 Droits des passagers voyageant par navire

Le passager a assurément certains droits lorsqu'il voyage par navire dans l'Union européenne.

Les droits applicables à ce domaine précis sont comparables à ceux existant pour les passagers des autres moyens de transport.

Le règlement UE s'applique depuis le 18 décembre 2012 aux services de transport de passagers lorsque le port d'embarquement se situe sur le territoire d'un État membre de l'UE et, si tel n'est pas le cas, aux services de transport lorsque le port de débarquement se situe sur le territoire de l'UE, pour autant que le service soit assuré par un transporteur de l'UE.

Certains droits des passagers valent également pour les croisières dont le port d'embarquement se situe sur le territoire de l'UE.

Le règlement de l'UE n'est pas applicable s'il s'agit d'un passager sur un navire autorisé à transporter jusqu'à **douze passagers** (36 passagers sur des navires qui ne sont pas propulsés par des moyens mécaniques), ou dont **l'équipage ne comprend pas plus de 3 personnes**, ou qui couvrent un trajet d'une longueur totale de moins de 500 mètres (aller simple).

Qu'on se le dise, les droits ne valent pas non plus pour des excursions ou visites touristiques autres que des croisières.

Les entreprises sont obligées de fournir aux passagers toutes les informations essentielles sur les conditions de réservation, de voyage et de transport ainsi que sur leurs droits, et cela avant, pendant et après le voyage.

Lorsqu'un passager achète un billet, on ne peut pas lui demander de payer plus cher en raison de sa nationalité ou du pays dans lequel il achète le billet.

En cas de problèmes (retard ou annulation), il a également des droits qui s'appliquent :

- si le passager quitte un port de l'UE, quel que soit le transporteur ;
- si le passager arrive dans un port de l'UE, quel que soit le transporteur.

Ces droits ne s'appliquent pas dans les cas suivants :

- bateaux pouvant transporter moins de 13 passagers ;
- bateaux n'ayant pas plus de 3 membres d'équipage ;
- bateaux couvrant une distance inférieure à 500 mètres pour un aller simple ;
- la plupart des types de bateaux historiques ;
- bateaux d'excursion et de tourisme s'ils ne disposent pas d'infrastructures d'hébergement ou si le séjour ne dépasse pas deux nuits à bord.

Annulation ou retard

Si le service est **annulé ou retardé**, le passager doit être **informé de manière adéquate et en temps voulu** de l'incident pendant toute l'attente.

Si le voyage est annulé ou son départ retardé de plus de 90 minutes, on doit proposer au passager deux possibilités :

- soit obtenir le **remboursement** du billet et, le cas échéant, un réacheminement gratuit vers le point de départ initial, par exemple si l'objectif du voyage ne peut plus être atteint en raison du retard ;
- soit **être transporté, dans des conditions similaires, vers la destination finale**, dès que possible et sans coût supplémentaire.

Si le départ est **retardé de plus de 90 minutes**, le passager a aussi droit dans la plupart des cas :

- à **un repas et des rafraîchissements** (en fonction du délai d'attente) ;
- à un **hébergement** si le passager doit passer la nuit sur place.

Si l'arrivée à destination accuse un retard de plus d'une heure, le passager a droit à une **indemnisation**.

En fonction de l'ampleur du retard, cette indemnisation peut correspondre à 25 % ou 50 % du prix du billet.

Aucune indemnisation n'est due **si le retard est imputable à une catastrophe naturelle ou à des conditions météorologiques extrêmes**.

Passagers handicapés ou à mobilité réduite

Les personnes handicapées ou à mobilité réduite, sous réserve de certaines exceptions et de conditions spécifiques, ont également droit à un transport en bateau sans supplément de prix.

Elles ont également droit à une assistance gratuite dans les ports, notamment lors de l'embarquement et du débarquement, et à bord des navires.

Ces services sont assurés à condition que le besoin en ait été communiqué (également par voie électronique ou par SMS) au moins 48 heures à l'avance au transporteur (ou à l'exploitant du terminal). La personne concernée doit se présenter à l'endroit indiqué au plus tard 60 minutes avant l'heure de départ annoncée.

Lors de la réservation, la personne concernée devra notifier ses besoins spécifiques en matière de cabine, de place assise, de services requis, ou le fait de devoir emporter du matériel médical.

Réclamations : Si le passager estime que ses droits n'ont pas été respectés, il peut **adresser une réclamation au transporteur** dans les deux mois suivant l'incident. Le transporteur dispose d'un mois pour réagir et de 2 mois à compter de la réception de la réclamation pour fournir une réponse définitive au passager. Si ce dernier n'est pas satisfait de la réponse, il peut prendre contact avec l'organisme national compétent

Accidents en mer

Si le passager est blessé lors d'un accident en mer, il a droit à une indemnisation de la part du transporteur ou de son assureur. En cas de **décès**, cette indemnisation peut être réclamée par les ayants droit.

Il a également droit à une indemnisation du transporteur si les **bagages, le véhicule ou d'autres effets personnels sont perdus ou endommagés** lors de l'accident.

Les passagers à mobilité réduite ont droit à une indemnisation couvrant le coût total du remplacement ou de la réparation des fauteuils roulants ou autres équipements similaires perdus ou endommagés.

Le passager a le droit de recevoir un **acompte** du transporteur pour couvrir les besoins immédiats en cas de **blessure ou de décès provoqué par** :

- le naufrage du bateau ;
- un chavirement ;
- une collision ;
- l'échouement du bateau ;
- l'explosion du bateau ou un incendie à bord ;
- un défaut du navire.

Réclamations : Le passager peut introduire une demande d'indemnisation pour toute perte ou tout dommage subi lors d'un accident en mer auprès d'un tribunal du pays :

- où le transporteur a son **siège** ou sa résidence permanente ;
- où se situe le **lieu de départ ou de destination** ;
- où si le passager **réside de manière permanente**, pour autant que le transporteur y exerce une activité et qu'il soit soumis à la juridiction du pays concerné ;
- où le **contrat de voyage a été conclu**, pour autant que le transporteur y exerce une activité et qu'il soit soumis à la juridiction du pays concerné.

Si les bagages sont perdus ou endommagés, le passager se doit d'en **informer le transporteur par écrit**. Le passager doit le faire de préférence avant de quitter le bateau ou lors de la livraison des bagages ou, au plus tard, 15 jours après le débarquement ou la livraison des bagages, faute de quoi il perd son droit à être indemnisé.

D'une manière générale, le passager doit **introduire une réclamation auprès d'un tribunal dans les deux ans** suivant l'incident, même si le début de cette période peut varier en fonction de la nature de la perte et du dommage

Ce qu'il faut savoir avant de réserver

La réservation s'effectue soit à l'agence de la compagnie soit sur son site internet.

L'arrêté du 10 avril 2017 relatif à l'information sur les prix des prestations de certains services de transport public collectif de personnes, qui est entré en vigueur le 1er juillet 2017, garantit au voyageur la possibilité de comparer les différentes prestations et les différents modes de transport.

Il prévoit notamment :

- des règles communes d'affichage des prix ;
- l'obligation d'afficher le prix final du service dès le début du processus de réservation ;
- une information dans tous les points d'arrêt sur les horaires et les arrêts.

Source : Voyager en autocar : quels droits pour les passagers ?, 24/06/2020, Ministère de l'Économie des Finances et de la Relance

Quid de l'exercice des droits des passagers ?

Le remboursement du billet par le transporteur se fait dans un délai de sept jours. Le remboursement se fait par paiement en espèces, virement électronique, mandat ou chèque. Avec l'accord du passager, le remboursement intégral du billet peut également se faire sous forme de bons et/ou d'autres services, si les conditions sont flexibles, notamment en ce qui concerne la période de validité et la destination.

S'agissant d'un retard à l'arrivée ?

En cas de retard à l'arrivée à la destination finale, le passager a droit à une indemnisation minimale équivalente à 25 % du prix du billet.

Est considéré comme un retard, un retard d'une heure pour un voyage d'une durée prévue inférieure ou égale à quatre heures (deux heures pour un voyage d'une durée prévue de plus de quatre heures et jusqu'à huit heures ; trois heures pour un voyage d'une durée prévue de plus de huit heures et jusqu'à 24 heures ; six heures pour un voyage d'une durée prévue de plus de 24 heures).

L'indemnisation correspond à 50 % du prix du billet, si le retard est plus du double des temps ci-devant mentionnés.

L'indemnisation est payée par le transporteur dans le mois qui suit le dépôt de la demande. Le paiement peut se faire sous forme de bons et/ou d'autres services, si les conditions sont flexibles, notamment en ce qui concerne la période de validité et la destination. Si le passager le demande, le paiement devra se faire en espèces. Aucun montant ne pourra être facturé pour frais de téléphone, de port, de taxes ou d'autres transactions. Les transporteurs peuvent fixer un seuil minimal (6 euros au maximum).

S'agissant de l'annulation

S'il est prévisible que le départ d'un service de navigation sera annulé, le transporteur devra immédiatement, tout comme en cas de départ retardé, offrir au passager de choisir entre la poursuite du voyage et le remboursement du billet.

Attention aux exceptions
Mais ce droit ne s'applique pas, si le passager est détenteur **d'un billet ouvert** (sans indication d'une heure de départ fixe). Le passager peut néanmoins faire valoir ses droits dès qu'une heure de départ est fixée, et également lorsqu'il est détenteur d'un abonnement.

Quels sont les droits du passager en cas d'interruption de voyage ?

En cas d'annulation ou de départ retardé d'un service de transport de passagers :

- le transporteur doit informer les passagers de la situation dans les plus brefs délais, au plus tard 30 minutes après l'heure de départ prévue. Dans le cas d'un retard, le transporteur doit également informer les passagers de l'heure estimée de départ et de l'heure estimée d'arrivée, dès que ces informations sont disponibles ;
- en cas d'annulation du départ ou si celui-ci est retardé de plus de 90 minutes, les passagers se voient offrir des collations, des repas ou des rafraîchissements en suffisance compte tenu du délai d'attente ;
- si un séjour d'une nuit devient nécessaire, le transporteur doit offrir, si possible, un hébergement gratuit aux passagers. Le transporteur peut limiter le coût total de l'hébergement à 80 € par nuit et par passager, pour un maximum de trois nuits.

Responsabilité en cas de préjudice ?

Tout comme pour les secteurs des voyages en avion et par train, les droits des passagers du secteur de la navigation correspondent à des standards internationaux. La législation européenne sur la responsabilité des transporteurs des passagers par mer (le « Règlement Athènes ») renvoie aux principes de la convention d'Athènes sur le transport par mer des passagers et de leurs bagages.

Le règlement est applicable à partir de la date d'entrée en vigueur de la convention d'Athènes dans toute l'UE, depuis le 31 décembre 2012 (C. transp., art. L. 5123-2).

Responsabilité pour les dommages (« Athènes I ») ?

Les règles relatives à la responsabilité s'appliquent aux voyages maritimes internationaux (c'est-à-dire des voyages dont les lieux de départ et d'arrivée se situent dans des États différents, ou des voyages comportant au moins une escale dans un autre État).

Contrairement aux dispositions de la convention d'Athènes, la protection juridique de l'Union s'étend également aux passagers des transporteurs assurant des liaisons maritimes au sein d'un seul État membre.

Mais certaines conditions préalables doivent être respectées : **le navire doit battre pavillon d'un État membre, le contrat de transport doit être conclu dans un État membre** ou, selon le contrat de transport, le lieu de départ ou de destination se trouve dans un État membre.

Les différents États membres peuvent néanmoins étendre la protection des consommateurs en appliquant le règlement à tous les voyages en bateau nationaux.

Causes de la responsabilité ?

Le transporteur maritime est responsable en cas d'accident affectant la vie, le corps, les bagages ou les véhicules. Les bases correspondantes figurent soit dans le règlement même, soit dans la convention d'Athènes.

Etendue de la responsabilité ?

La « convention d'Athènes » comporte également certaines limites de la responsabilité : elles sont actuellement de 480 000 € pour dommages à la personne, de 2 700 € pour les bagages de cabine, de 15 240 € pour les véhicules et de 4 050 € pour d'autres bagages.

Exercice des droits des passagers ?

Les passagers doivent notifier les dommages constatés dans les meilleurs délais et par écrit. Les droits correspondants se prescrivent **après deux ans**.

340.1 1. Droit
AUZ

Cet ouvrage a été achevé d'imprimer
dans les ateliers de Leitzaran (Espagne)
Numéro d'impression : 713 – Dépôt légal : Janvier 2021